新结构经济学丛书

GOING BEYOND AID

超越发展援助

在一个多极世界中重构发展合作新理念

林毅夫 王燕◎著

宋琛◎译

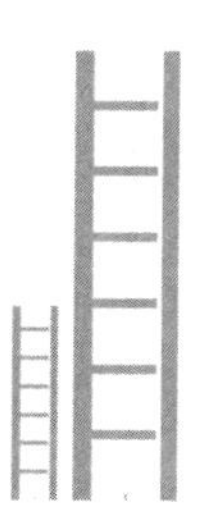

NEW IDEAS OF DEVELOPMENT COOPERATION IN A MULTIPOLAR WORLD

图书在版编目(CIP)数据

超越发展援助:在一个多极世界中重构发展合作新理念/林毅夫,王燕著;宋琛译.—北京:北京大学出版社,2016.9

(新结构经济学丛书)

ISBN 978-7-301-27304-3

Ⅰ.①超… Ⅱ.①林… ②王… ③宋… Ⅲ.①国际合作—经济合作—研究 Ⅳ.①F114.4

中国版本图书馆CIP数据核字(2016)第173188号

书　　名 超越发展援助——在一个多极世界中重构发展合作新理念
Chaoyue Fazhan Yuanzhu: Zai Yi Ge Duoji Shijie zhong Chonggou Fazhan Hezuo Xin Linian

著作责任者 林毅夫　王　燕　著　宋　琛　译

责任编辑 郝小楠

标准书号 ISBN 978-7-301-27304-3

出版发行 北京大学出版社

地　　址 北京市海淀区成府路205号　100871

网　　址 http://www.pup.cn

电子信箱 em@pup.cn　　QQ:552063295

新浪微博 @北京大学出版社　@北京大学出版社经管图书

电　　话 邮购部62752015　发行部62750672　编辑部62752926

印 刷 者 北京中科印刷有限公司

经 销 者 新华书店

730毫米×1020毫米　16开本　16.5印张　164千字

2016年9月第1版　2016年9月第1次印刷

印　　数 0001—8000册

定　　价 55.00元

序

本书的构思始于六年前我们在世界银行工作期间，写作的初衷是为了以新结构经济学为分析框架来探讨为何北南合作投入甚大、收效甚微，探讨南南合作多赢的经济基础，澄清某些国际组织和国外媒体对于南南合作的误解（甚至诋毁），提出推动南南合作与改进国际治理的建议。当时针对的主要对象是英文读者，写作语言为英文。英文版即将于今年年底由英国剑桥大学出版社出版。

在G20峰会于杭州开幕之前，我们很高兴能以此中文版率先奉献给中文读者，揭示新结构经济学在国际发展经济学、国际援助及南南合作领域中的运用，加深以南南合作促进南方国家结构转型、消除贫困、实现联合国新近达成的可持续发展目标的重要意义的认识，以通俗易懂的语言和实例，解释国际发展经济学的新理念、新观点，同时提出改进南南合作与全球治理方面的新建议。

基于我们在发展中国家和世界银行多年的工作经验和国别实践，

本书对传统的北南援助的定义，以及“有条件援助”的做法、手段、金融工具及其有效性和效率等提出了质疑。我们首次指出，发展中国家为了实现结构转型和产业升级，必须超越发展援助，甄别发展中国家的潜在比较优势和增长瓶颈，运用南北和南南发展合作将贸易、投资、优惠贷款与商业贷款相结合，将资源开发与基础设施融资相结合，以多管齐下的方法，消除增长瓶颈，推动结构转型和产业升级，从而创造就业，减少贫困，实现包容性的可持续增长。

在第1章引言中，我们讨论了本书的主题：为什么发展中国家要进行结构转型？为什么传统的北南援助常常忽视这一目标？为什么要超越发展援助，促进南南发展合作？为什么要推动中非合作、“一带一路”，帮助发展中国家进行结构转型？

第2章阐明结构转型的重要意义，介绍新结构经济学的理论来源以及它在国际发展经济学中的地位、历史意义、与其他经济学理论的相对关系，以及它与工业革命以来欧美、日本、东亚“四小龙”的重大结构转型、与我国改革开放以来历史经验的关系，并讨论其延伸和应用。

第3章基于文献综述，讨论传统的北南援助与结构转型的关系。我们将1950年以来的国际发展分为五个阶段，分别讨论北南援助、南南发展合作的指导理论和实践及其效果。我们认为传统的北南援助对于发展中国家迫切需要的结构转型不甚有效主要是由于它的指导思想是基于发达国家经验的西方主流经济学理论，其中有几方面的误导。首先，许多年来，主流经济学忽视了结构转型，忽视了基础设施在转型中的关键作用，不能解决发展中国家结构转型中的瓶颈。其次，“华盛顿共识”推行资本账户的完全自由化，给许多发展中国家造成了难以挽回的宏观经济金融危机和财富的损失。再次，某些国际组织对于债务可持续性的分析不够全面，低估了基础设施对长期增长的正面影响，进而对于低收入国家的投资有过紧的限制。最后，我们分析了中国与国际组织的双向学习的伙伴关系。这种关系之所以成功是因为它是建立在独立自主、互相尊重、互相学习、取长补短而不是援助与受援的关系之上的。双方都可以对对方说“不”。中方不盲目接受宏观层面的理论或任何条件，具有理论上的自信、政策上的自主权，也为此承担自己的责任。

在第 4 章中，我们讨论南南发展合作的定义，它与传统的北南援助有何不同，以及金砖国家对于南南合作的不同做法。其中重点关注我国南南发展合作的渊源、数量、实践做法、理论基础以及与北南援助的区别。南南合作将贸易、投资与援助相结合，不同于北南援助的“非捆绑式援助”(untying aid)将贸易与援助割裂的做法，它的理论基础恰恰是基于高速发展的成功追赶国家经验的新结构经济学，强调各个国家要遵循自己的比较优势，开发潜在的比较优势，实现动态的比较优势，达成互利共赢。我们提出的南南国家“共同学习与协同转型”的模式正是基于市场调节以实现互利共赢的模式。倘若没有市场价格，何以甄别(潜在)比较优势？割裂贸易与援助，谈何互利共赢？

第 5 章和第 6 章分别讨论我国如何利用自己在基础设施建设、制造业发展方面的比较优势来帮助南方发展中国家进行结构转型。第 5 章运用实例将我国“提前”开发基础设施的经济效用量化，指出了世行在成本—收益分析方面的不足。该章分析了168个中国资助的位于非洲的投资项目瞄准这些国家发展瓶颈的程度，阐明“瞄准瓶颈”的重要性。第6章计算了韩国和中国比较优势的变化，再次指出中国大陆正处于韩国和我国台湾地区在20世纪八九十年代的发展阶段，要把劳动密集型产业转移出去，进行升级换代，而中国有大量的资本、产能和技能，能够在中国企业“走出去”的过程中帮助低收入发展中国家实现结构转型，达到互利共赢。

第7章指出我国在实施南南发展合作方面的短板与不足。首先是理论和法制方面的欠缺。我国还没有制定出一部对外援助法或南南合作法，外交理论与经济理论脱节，政策不够透明，公民的参与监督程度有待改善。我们所会见过的非洲国家元首都期待我们在这些方面有进一步的改善。其次，中国资助的工程项目应当实行招投标，尽管我们不同意“非捆绑式援助”的理论，但在实践中应当依据东道国政府的规定，适当让利给当地的中小企业，为当地居民创造更多的工作岗位。再次，有些中国企业在遵守当地劳工保护、环境保护的标准方面做得不够好，业绩不良。中国政府应加强对“走出去”企业的资质管理、培训、监督。为此我们建议，建立一个针对参与南南合作和北南援助的伙伴/银行/企业的评估/排序/监督体系，动员国际非政府组织、公民社会和媒体参与。最后，我们还讨论了国际发展经济学中最具争议性的问题：发展中国家的产业政策为什么需要以及怎样做才能避免上世纪五六十年代发展中国家所犯的错误？如何甄别比较优势/动态比较优势？如何处理有效市场与有为政府的关系？

最后一章展望未来。2008年以来，世界经济格局发生了深刻的变化——新兴市场和发展中国家在全球GDP中的占比超过了发达国家，已经成为增长的主要引擎。它们的储蓄率和投资总额都超过了发达国家。在发展融资中，源于OECD国家的官方发展援助（ODA）占比下降，而源于南方国家的官方发展贷款、股权债权融资和基础设施融资迅速上升。有鉴于此，需要修改OECD对外援助的定义，对其进行扩充以涵盖南南发展合作的融资类型，增强南方的声音。我们在该章中还探讨了双边、多边发展融资的优点和缺点，指出中国领导人倡导“一带一路”并牵头建立亚投行、新开发银行等多边金融机构的重要意义。实际上这也代表着一个新时代的开端——一个新的、多极的、包容性的全球治理结构正在出现。

思路决定出路，希望这本书有助于改变国际发展援助的思路和方式，助推中国方兴未艾的国际发展合作，以“己立立人，己达达人”的胸怀，实现“百花齐放春满园”的多赢、和平、繁荣的世界新格局。

林毅夫　王燕

2016年7月

英文版序

写作本书的初衷是希望帮助世界上的贫困人口从发达国家和新兴国家的发展援助中获益。林毅夫是世界银行历史上第一位来自发展中国家的首席经济学家。他在世界银行任职期间(2008—2012 年)及此后,曾数十次前往发展中国家,包括对撒哈拉以南非洲国家的三十多次访问。在这些行程中,他有幸与发展中国家的元首、部长、知识分子、企业家及普通大众会面,对他们的愿望获得了深入的理解。王燕曾是经济合作与发展组织发展援助委员会(OECD-DAC)和中国研究组(China Study Group)的研究协调员,并长期任世界银行的高级经济学家。她也经常前往非洲及其他发展中国家,采访了许多部长或者司长级别的政策制定者及企业高层人员。通过这些人际交流,我们都了解了他们普遍秉持的愿望——一个通过自己的努力,给予他们的国家与人民一个更好未来的梦想。他们的梦想本质上也是几个世纪以来我们寄予中国的梦想。从而诞生了这本书。

我们感谢所有那些在我们学习及形成写作思路的过程中为我们提供了灵感与支持的人。特别地，我们得益于下列人士对本书的贡献与评论(按姓氏字母顺序)：Pieter Bottelier，Deborah Brautigam，Richard Carey，陈传，程诚，Kevin P. Gallagher，金中夏，北野尚宏，Margaret McMillan，Célestin Monga，Manzoor Rehman，Joseph Stiglitz，唐晓阳，徐佳君，曾智华，以及三位匿名审稿人。

所有的图表都是由乔治·华盛顿大学(王燕任教的学校)的几位研究助理所完成的。我们对他们出色的工作表示感谢——陈春旭，后藤英司，胡楠，吴海潇，辛慕榕，张丰，张晗露。所有错误与遗漏都由我们自己来承担责任。

我们还要感谢 Bruce Ross-Larson 及他在写作技能发展所(Communications Development)的团队，他们为本书完成了出色的编辑校对工作。对剑桥大学出版社的 Chris Harrison 和 Phil Good 所给予的鼓励我们也表示衷心感谢。

最后很重要地，我们要感谢各自的配偶与家人所给予的理解、关爱与支持。特别地，毅夫对云英表示感谢，王燕对学健和晗露表示感谢。

林毅夫

新结构经济学研究中心主任

北京大学国家发展研究院名誉院长

王燕

乔治·华盛顿大学访问教授

目 录

第1章

绪 论

INTRODUCTION AND OBJECTIVES

经济的结构转型是生产力增长的源泉。本书重点阐述包容性的和可持续的结构转型及其融资机制,因为传统的发展援助不足以解决包括撒哈拉以南非洲在内的许多发展中国家和新兴市场经济体的增长瓶颈问题。在未来的二十多年里,国际发展社会和各国政府将专注于实现2030年可持续发展目标(Sustainable Development Goals in 2030),以及按照第21届联合国气候变化大会(COP 21)目标的要求来抵御气候变化,而这两者都需要大量的资源。因此,我们需要大大超越传统的发展援助,有目的地将发展援助、贸易和投资结合起来,利用所有可得的金融工具并引入新的和创新性的工具来应对消除贫困和转变产业结构所带来的挑战,从而实现绿色与减排发展。诚可谓任重而道远。

适合于更广泛发展目标的援助、贸易和投资

在当今越来越动态化、多极化,却又相互依赖的世界中,如果应用一套全新的、更广泛的发展融资定义,将会提高透明度、问责性和发展

伙伴的可选择性。这也将鼓励投资者中的主权财富基金和外国直接投资者更有效地投资于发展中国家并支持全球和地区性公共品。实际上，这就是我们在本书中所做的。我们提出了比经济合作与发展组织发展援助委员会(OECD-DAC)所建议的更多元、更具包容性的发展援助定义(Lin and Wang，2014)。[①] 我们还展示了全球治理的未来选择和发展前景。

巴西、中国、印度及其他新兴经济体不仅提供了新的思路、经验、增长机遇和隐性知识(tacit knowledge)，而且还为发展提供了融资。在一个新的多极世界中，包括中国在内的金砖国家正在经历产业多元化和升级，将其“比较优势丧失”(comparative advantage-losing)的产业迁移到低收入国家并在那里创造大量的工作机会。作为发展融资领域的新来者，这些国家在继续学习怎样成为更好的发展合作伙伴和全球事务中更负责任的利益相关者。尤其是中国，也正在完成这样一个新的转变，即从在发展合作中以双边为主的方式转变为支持一个多边的合作体系。

以近期众多的倡议为背景——包括亚洲基础设施投资银行(Asian Infrastructure Investment Bank, AIIB)，新开发银行(New Development Bank，前身为金砖银行，BRICS Bank)，中非发展基金(China-Af-

① 根据OECD的定义，官方发展援助(ODA)包括符合以下条件的赠款或贷款：(1)由官方部门承担；(2)以促进经济发展与福利为主要目的；(3)以优惠为特征，赠款成分不少于25%(以10%的折现率计算)。参见 http://www.oecd.org/dac/stats/officialdevelopmentassistancedefinitionandcoverage.htm。

rica Development Fund)，丝路基金(Silk Road Fund)，和南南发展基金(South-South Development Fund)，我们希望本书将为分析和讨论提供一个框架，以指导关于南南发展合作(South-South Development Cooperation, SSDC)的政策和实践。该框架将援助、贸易和投资相结合来实现更广泛的发展目标——创造就业和可持续地提高人们的福祉。

为何要超越发展援助?

根据 OECD 的定义，官方发展援助(Official Development Assistance, ODA)包括由政府提供的用于经济发展的赠款和(赠与成分不低于 25%的)优惠贷款。[①] 官方发展援助必须是优惠性的。出口信贷不计入官方发展援助。没有足够优惠性的基础设施贷款也不计入。这个备受批评的定义最近已经被修正(OECD-DAC，2014a)。即便是修正的 OECD-DAC 定义在我们看来仍然限制性过强。

经济发展是官方发展援助的主要目的，然而诸如出口信贷和大型但优惠较少的基础设施投资等一些有效促进发展的方式却被排除在了 OECD-DAC 的官方发展援助定义之外。因此，本书以一个更广泛的概

① 在 OECD-DAC 的定义下，官方发展援助必须是包括来源于官方(政府或多边机构)、为了促进经济发展和福利而给予合格受援者的赠款和优惠贷款，受援者则是由 OECD-DAC 所认可的一系列发展中国家。

念来“超越发展援助”，这一概念包括所有服务于发展目标的贸易、援助和投资，只要这些活动对提高受援者的福利有所贡献。

这样做的一个原因是当今国际发展融资的主要参与者包括那些兼具受援者（recipients）和援助者（contributors）双重身份的国家。正如在新结构经济学（New Structural Economics）中所详细阐述的[①]，对于一个低收入国家发展最有效的和可持续的方式是通过发展其具有潜在比较优势（latent comparative advantages）的部门来启动结构转型进程。[②]政府可以通过某些方式来进行干预以减少那些部门的交易成本，比如创建经济特区或者产业园，并为其建设良好的基础设施和具有吸引力的商业环境。如果一个发展中国家采取这种方式，即便该国整体的基础设施和商业环境比较差，它也可以立刻开始强劲增长并启动一个创造就业和减少贫困的良性循环。这一结构转型的融资完全可以是多样性的。

我们因此提出一个“共同学习与协同转型”（joint learning and con-

---

① 新结构经济学提出利用新古典的方式来研究经济结构的决定因素及其在一个国家经济发展中的演化过程。它的主要假设是经济结构，包括技术结构、产业结构以及硬件和软件基础设施结构，是内生于禀赋结构的，该禀赋结构在任何一个特定的时间点是给定的，并可随时间推移而变化。它认为遵循比较优势（由禀赋结构所决定）来发展产业是提高竞争力、创造经济剩余、鼓励储蓄、升级禀赋结构以及支持产业升级、收入增长和减少贫困的最好方式。它还认为一个竞争性的市场是根据一国的比较优势来发展产业所必需的，而一个因势利导型的政府对于改善产业升级所要求的硬件和软件基础设施也是必不可少的（Lin，2010，2011a）。

② 也就是说，这个国家具有世界上最低的生产要素成本，但是却没有竞争力，这归因于其落后的基础设施和脆弱的商业环境所导致的高昂交易成本。

certed transformation)的模型,这里所有的发展合作伙伴都是地位平等的学习者,但是它们以不同的速度在学习。学习者在不同的发展阶段,根据自己的比较优势、"互动工具"(instruments of interaction)[①]和伙伴之间的互补程度,可以选择不同的学习伙伴(或"队友")。[②] 一个学习者可以有多个伙伴,上游的或下游的,北方的或南方的,每一个伙伴都充当着互利互补的角色。结构转型就像一座大山,新兴经济体和发展中国家都处在攀登结构转型这座山峰的不同阶段。在一个全球化世界,只有借助于其他参与者的帮助,一个经济体才有可能更快地登顶这座山峰。

巴西、中国、印度及其他在结构转型方面有所超前的新兴经济体,已经具有许多这样的互动工具和高度互补性。例如,中国在97个子部门中的45个部门具有显性比较优势(revealed comparative advantage, RCA)[③],并在建造道路、港口、铁路网络和水电站等大型基础设施中显示出实际竞争力(见第5章)。它能够提供新的发展理念、隐性知识[④]并帮助其他发展中国家解除增长的"瓶颈",而正是这些瓶颈阻碍了许多发展中国家抓住结构转型中的机遇。随着劳动力成本在中国及其他新

① 我们不但包括了传统的金融工具、医疗团队和技术协助,还包括了创新性机制,例如优惠出口买方信贷、农业技术示范中心和资源融资的基础设施。

② 我们的共同学习模型只适用于发展金融这一目前的问题,不适用于冲突、灾难或疫情中的人道援助。

③ 专栏4.3将讨论如何度量它。

④ 这是不成文的知识,难以被传授给个人。它体现在人们的行为和技能(如铺砖或操作机器)、机构能力以及商业过程中。

兴经济体的迅速上升,其劳动密集型企业正在寻求转移到劳动力成本更低的地方,低收入国家则能够从吸引这些劳动密集型企业当中受益(Lin, 2012d; Lin and Wang, 2014)。

重要的是,我们的模型是一个基于市场的、互通有无的,这意味着相互交换建立在平等的基础之上。这就有可能使所有合作伙伴的利益趋向于同一方向——北方的或南方的,富有的或不太富有的,多边的或双边的——共同努力以达到"多赢"的结果(Lin and Wang,2015)。

本书要超越发展援助的第二个原因是,传统的来自先进国家的发展援助并不十分有效,主要是因为援助并没有用于结构转型。如果传统的援助曾在政府的指令下用来扩充资源以缓解在增长中具有潜在比较优势部门的瓶颈,那么它就能更好地减少低收入国家的贫困并实现包容性的和可持续的发展。例如,这些国家可以改进经济特区的基础设施并建设道路和港口。

为了在2030年终结绝对贫困,国际援助必须在与其他资源,例如非优惠性贷款、直接投资和政府支出等结合的情境下使用(Development Initiatives,2013)。正如在援助被有效利用的韩国、中国、越南和印度,援助都是与贸易、外商直接投资(foreign direct investment,FDI)、基础设施商业贷款、债券和权益投资、优惠或非优惠的出口信贷等结合起来使用的。确实,使援助与贸易和投资相分离是有悖于市场导向的。

第三个原因是,如果在一个以落后的基础设施和扭曲的制度环境为特征的经济体中,南南发展合作为动态的结构转型创造了一个地区性的(非国家层面的)有利环境(如经济特区),那么它对减少贫困将会是最有效的。也就是说,这种推动产业集群的解决方案更适用于低收入国家。①

一个强劲增长中的发展中国家在帮助穷国启动动态结构转型和减少贫困中处于最有利的地位:它可以分享其在经济特区或产业园中建立局部有利环境的经验,也能够以"雁阵模式"(flying geese pattern)将其劳动密集型轻工制造业转移到该穷国(Lin,2012d)。

本书表明来自中国和其他新兴市场经济体的南南发展合作更有可能在减少贫困和实现包容性、可持续增长方面带来"速赢"(quick wins)。这些经济体,尤其是中国,在诸如建筑材料业和土木工程等基础设施部门具有比较优势,通过赠款、贷款和其他金融安排来支持产业的跨国转移,对于双方是一种双赢。这些经济体,同样特别是中国,正在将它们的轻型制造出口加工产业转移到低收入国家——这些正是在低收入国家具有潜在比较优势的产业。历史表明,任何一个能接手这些迁移中的轻工制造业的低收入国家均有可能获得几十年的强劲增长,伴随着其步入中等收入甚至高收入国家的行列。

本书还表明,巴西、中国、印度和其他新兴市场经济体作为国际发展领域的新的参与者,将继续学习以便成为更好的发展合作伙伴,以及国际事务中更负责任的利益相关者。正如陆游诗中所言:"纸上得来终

① 怎样在一个以落后的基础设施和整体扭曲的制度环境为特征的经济体中为动态的结构转型创造一个局部的有利环境,参见 Lin (2009a, 2012a, 2012c)。

觉浅,绝知此事要躬行。”也就是说,“实践出真知”。新的开发银行和基金正是这样一个学习过程中的环节。

有时候,新兴市场经济体需要在社会和环境标准、保障措施及风险管理方面得到其他合作伙伴的帮助。在这里,国际发展社会、非政府组织及民间团体都开始发挥作用。处在发展过程中不同阶段的所有合作伙伴都需要在南北合作或者三边合作中保持开放的心态,以保证其合作促进“现代多边主义”(modern multilateralism)。在一个多极世界中,新的多边发展机构的出现是必然的,并且会给国际发展领域注入新的动力、能量和竞争。

本书不想尝试涵盖对外援助的所有领域,因为对外援助是与一国的对外政策和更广泛的政治经济学问题紧密相关的,也不试图提供一个全面发展框架。本书同样没有考察人道援助,因为它是受人道主义原则所指导的,不同于那些指导发展援助与合作的原则。本书也不是中国对外援助情况的一个概述。① 相反,它从结构转型的视角研究了发展援助与合作的经济学,因为当前所定义的官方发展援助和应用的政策对于结构转型是无效的(见第3章)。当前正是国际发展社会转向新定义的关键时机,新的定义应当足够广泛,从而能够包含多种南南发展合作的形式,以促进南北、南南三方相互学习与合作,支持低收入国家抓住它们的发展机会。

---

① 对于这方面的概述,参见 Brautigam(2009,2011a,2015),Copper(2016),King(2013),和 Zhou et al.(2015)。

一个新的时代在2015年开启

全球发展的进程似乎已经到达了一个拐点。2015年3月,当57个国家,包括英国、德国、法国、意大利及许多其他欧洲国家成为亚投行的创始成员,全球实力的平衡发生了前所未有的转移。

在我们看来,这种转移标志着一个全新的全球化时代,南方国家充当起越来越重要的角色。它也表明随着中国深化南南合作与三边合作,中国的发展合作也从双边主义向多边主义发生重大转变。在试图改革目前存在的多边发展机构方面经历了许多挫折之后,中国在全球发展中承担起更为重要的领导者角色——建立新的多边金融机构来体现其发展理念、经验和隐性知识。建立在多年成功发展的基础上,中国对其在全球发展中发挥积极影响颇具信心。

在全球金融危机爆发的将近八年之后,尽管零利率甚至负利率已持续多年,经济复苏依旧乏力。主流经济学对国际发展的单一解释似乎并不能描述当今的多极化世界。一些世界知名的经济学家正在讨论工业化国家可能出现的"长期停滞"(secular stagnation)。[①] 在全球萧条

① 有关这一话题,参见Summers、Krugman、Gordon、Blanchard、Koo、Eichengreen、Caballero、Glaeser等的十余篇论文,来源于http://www.voxeu.org/article/secular-stagnation-facts-causes-and-cures-new-vox-ebook。Lin (2013)也讨论了长期停滞问题并提出了避免的方法。

中，人们已对“华盛顿共识”(Washington Consensus)[①]丧失了信心，发展中国家越来越多地“向东看”来寻求发展理念和经验——什么方式有效，为什么，以及怎样做。

中国基于其几千年来未曾中断的文明及其近37年的经济成就，提出了一个宏大的愿景——“丝绸之路经济带和21世纪海上丝绸之路”(The Silk Road Economic Belt and the 21st Century Maritime Silk Road)，简称“一带一路”(The Belt and Road)。“一带一路”聚焦于互联互通、基础设施发展和结构转型。亚投行和丝路基金可被看作是它的两个融资机制。这个愿景是由中国国家主席习近平于2013年9月提出，并已在亚洲和亚洲之外的一些发展中国家和发达国家赢取了民心。

“一带一路”背后的依据是什么？我们认为，首先，这一愿景不仅反映出来自于想要克服基础设施瓶颈和增强互联互通的那些国家的强烈需求，还反映出中国自己对于经济发展的关键思路和经验。更早而非更晚地建设基础设施能够以更小的代价促进贸易(见第5章)。以建设瓶颈释放型的基础设施作为一种反周期方式，可以在短期内推动总需

---

① “华盛顿共识”(Washington Consensus)是约翰·威廉姆森(John Williamson，1990)创造的一个术语，起初是指推荐给受危机冲击的拉丁美洲国家的一揽子政策。这一揽子政策在最初的定义中包括财政纪律，将公共支出从随意的补贴重新转向具有广泛基础的增长支持、扶贫服务、扩大税基、利率自由化、竞争性汇率、贸易自由化、统一关税、外国直接投资流入自由化、国有企业私有化、放宽市场准入、审慎监管金融机构及产权的法律保护。继威廉姆森提出之后，这个术语被用来表示强烈地以市场为基础的方式，在公共话语中被视为“市场原教旨主义”或“新自由主义”，尽管威廉姆森自己反对这个更广泛的定义。我们采用华盛顿共识的第二种更具一般性的定义。为了应对转型的经验，威廉姆森提出了一个更加微妙的定义，吸收了许多经济学家的批评(Williamson，2002)。

求并在长期内促进生产力的增长。两次经济危机期间——1998年(亚洲)和2008—2009年(全球),中国采用了扩张性的货币、财政和投资政策来克服紧缩性压力。国际货币基金组织(International Monetary Fund, IMF)在多年抵制后,最终接受了林毅夫倡议的理念——在低利率环境中建设基础设施是一种反周期方式①,甚至开始推荐这种方式(IMF,2014, Chapter 3)。

我们也相信"一带一路"具体表达了中国领导人对"求同存异,和平共处"的愿望,以及对提供全球公共物品、和平、安全及可持续性的承诺。自20世纪50年代起,当中国的人均收入仅为非洲的三分之一时,中国就一直在提供发展合作。这遵循了中国复兴的"仁、义"价值观体系,它具有多个层次的丰富含义。其中一层含义为"己欲立而立人,己欲达而达人",另一层则为"己所不欲,勿施于人"。

这些价值观在1955年的万隆会议上所达成的互相尊重和互不干涉内政的万隆原则中得到了体现,而且在中国过去60年间的对外援助政策中持续不断地得到了实施。就像最近所承诺的支持全球公共品和应对气候变化,中国当代领导人将使这些价值观现代化并得到弘扬光大。正如Xu and Carey(2015b)所观察到的:"在当今全球发展融资的系统运作中,中国有其基本的利益和责任。"也正如习近平主席在2012年2月12日《华盛顿邮报》(*Washington Post*)的采访中所说:"宽广的太平洋有足够的空间容纳中美两个大国。"与此类似,我们的观点是广阔的大洋

① 参见Summers(2014b)。

有足够的空间让许多发展中国家和平兴起，而中国的崛起对于世界的发展与和平都是建设性的。

在经济前沿上，促使我们写下这本书的原因如下：

• 新兴和发展中国家当今占全球 GDP 的 57%，而发达工业化国家只占不到 43%（见图 1.1）。

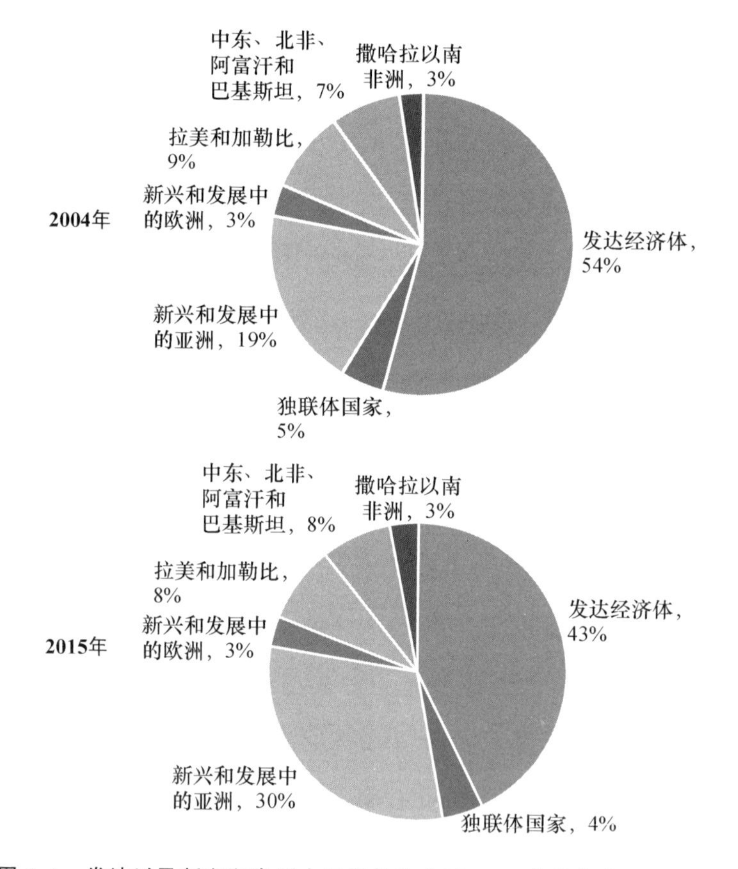

图 1.1　发达以及新兴和发展中经济体在全球 GDP 中的占比（2004、2015）

资料来源：IMF(2015)。

• 在20世纪90年代,发展中国家占到全球增长的大约五分之一。现今,新兴经济体和发展中国家占全球增长的三分之二并正在推动着全球经济。中国独自就占全球增长的30%以上。考虑到其经济规模,中国6.5%—7%的年增长率带来了四分之一至三分之一的全球增长(见图1.2)。

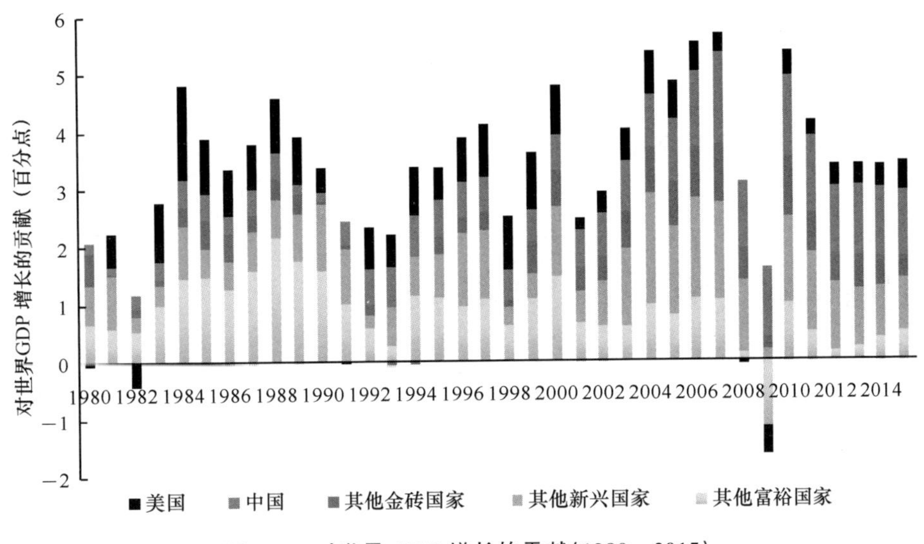

图1.2 对世界GDP增长的贡献(1980—2015)

资料来源:根据IMF《世界经济展望》(WEO)数据于2015年9月7日获取。GDP以不变价格增长,并按购买力平价(PPP)为权重计算。

• 在过去的十年间,新兴经济体已成为国际发展融资、基础设施投资及外商直接投资(FDI)的主要来源。国际货币基金组织发现,“近些年来,中国已经成为非洲最大的贸易伙伴、关键的投资者和援助提供者”,并且“中国国内实际固定资产投资每增长一个百分点,往往就能拉动撒哈拉以南非洲的出口增长率上升0.6个百分点”(IMF,2013, p.5)。

- 中国已成为非洲基础设施最大的投资者,占到融资总量的三分之一(Chen,2013;Baker and McKenzie,2015)。从2003年起,中国的银行已为非洲和拉丁美洲国家提供了约1 320亿美元的资金(Brautigam and Gallagher,2014)。

- 中国的外向FDI从20世纪90年代的几百万美元上升至2014年的1160亿美元和2015年的1280亿美元(商务部数据)。其中大量的投资都用于经济性基础设施和制造业。

过去的时代缺少什么以及应如何应对?

我们都是学习经济学文献和国际发展经验的受益者。凭借着事后观察和“站在巨人的肩膀上”的优势,我们来考察有关国际援助和援助有效性的文献(它比发展经济学文献更新)。然而,这些文献聚焦于传统的援助者行为:谁提供援助,援助对象和动机,援助条件和援助有效性。在由来自“南方”的新兴经济体提供发展融资的概念和理论基础方面,已有的研究还很少。

近年来关于援助有效性的大量文献包括:Burnside and Dollar (2000); Easterly, Levine, and Roodman (2003); Easterly (2003); Collier and Hoeffler (2004); Rajan and Subramanian (2008); Roodman (2007); Arndt, Jones, and Tarp (2010); Moyo (2009); Deaton (2013); Edwards (2014a,2014b)。一类研究针对受援国吸收能力和资本外逃的问题,询问"援助都去哪儿了"的问题。[①] 只有几个作者重点关注援助的制度经济学方面,例如 Martens et al. (2002),以及近来关于对外援助的部门分配、增长和就业的研究,例如 Akramov(2012)[②]和 Van der Hoeven(2012)[③]。

Martens et al. (2002) 强调了在"援助者—受援者"(donor-recipient)关系中的"委托—代理"问题,并发现"对外援助的本质——基于一个断裂的信息反馈回路……在对外援助项目的实施上添加了许多固有约束。所有这些约束都归因于在援助实施过程中不完全的信息流动"(p. 30)。他们引用了 Streeten 著名的对"有条件援助"的质疑:"如果某件事是对受援者自身有益的,那么援助者有什么必要付款(提供援助)给受援者去做这件事?而如果某件事是对受援者无益的,那么他又为什么要去做这件事?"(Martens et al. ,2002, p. 9)他们的研究直指现代

① 例如,参见 Aiyar and Ruthbah (2008),Berg et al. (2007),Berg et al. (2010),和 Foster and Killick (2006)。后者的研究将援助规模的扩大与资本外逃相连接。

② Akramov(2012)发现经济援助,包括对生产性部门和经济基础设施的援助,通过增加国内投资对经济增长做出贡献。然而,对社会部门的援助似乎对人力资本和经济增长并没有显著的影响。

③ Van de Hoeven(2012)注意到中国着重于经济基础设施建设的方式并指出了2000年制定的千年发展目标(MDG)忽视了对就业和不平等的关注。他提倡"对发展努力的重新关注","将更大份额的用于就业和增强生产力活动的发展援助与国家及国际经济和金融政策的变化相结合,以便使得创造就业(与减贫一起)成为一个首要目标"(p. 24)。

官方发展援助中的一个基本困境——援助者和受援者之间的激励不一致。[①]

确实,在"有条件援助"中存在的信息不对称和委托—代理问题被研究得太少。国际货币基金组织和世界银行作为全球发展规则"强制执行者"的角色被许多作者所质疑。国际货币基金组织的独立评估办公室(Independent Evaluation Office,IEO)承认该组织在1997—1998年的亚洲金融危机中犯下了数个错误,引起了不必要的恐慌。"完全的资本账户开放可能并不是在任何时候对任何国家都适当的目标,在某些特定情形下,资本流动管制措施应当在宏观经济政策工具中占有一席之地"(IEO,2007, 2015)。在一份关于资本账户控制的内部文件(Ostry et al., 2010)发布后,Dani Rodrik称这份文件为"一个惊人的逆转——是一个机构与说'对不起,我们搞砸了'最为接近的公开认错方式"(Rodrik,2010)。

面对国际融资越来越多地流向包括非洲在内的发展中国家,我们相信现有理论框架中的一些要素已经过时。考虑以下三个例子。

- 国际货币基金组织—世界银行的债务可持续性框架(debt sustainability framework, DSF)可能会过分制约低收入国家,因为它没有考虑到大型基础设施投资在长期增长中的动态影响(见第3章)。
- 当世界银行考虑在当前而不是十年后修建一条高速公路的需要时,其对道路工程的成本—收益分析有时"忘记了"土地价格因素这一

① 也可参见Easterly (2003)和Hynes and Scott (2013)。

重要因素(见第5章)。

• 世界银行关于"长期融资"(long term finance)的出版物(World Bank,2015)错过了一个总结诸如新加坡、韩国和中国等东亚国家经验的机会,这些国家通过市场工具、国家开发银行和主权财富基金为长期基础设施融资成功地筹措了资金(见第3章)。

因此,现在正是国际货币基金组织和世界银行"开放它们的厨房",接纳来自东方的不同发展理论和理念作为其政策建议原料的时候。的确,主流的发展范式眼下正在发生变化:几种不同范式可以共存,发展中国家可以根据各自的发展需要从菜单中进行选择(Lin and Rosenblatt,2012)。

从"共同学习与协同转型"的角度,我们认为南南发展合作是一个更为有效的方式,因为这些南方国家在结构转型中处于相似的阶段,在发展道路上彼此更为接近,并且面对类似的人力与制度约束。如果它们开始彼此相互学习、相互帮助,那么它们将在一个或多或少平等的基础上出发。它们必须利用自己"所拥有的"来做那些它们"有潜力能够做好的"——即利用它们的潜在比较优势。这种联合"共同学习与协同转型"模式能够使各国的激励相匹配,并缓解"有条件援助"模型中的委托—代理问题、断裂的反馈回路以及投机博弈行为(见第4至第6章)。在第7章,我们将讨论克服南南发展合作中现存问题的新方法,即通过利用后发优势、甄别经济中具有潜在比较优势的部门[①]、建立经济特区

① 一个经济体在一个产业拥有潜在比较优势是指,如果根据由经济体的要素禀赋结构所决定的生产要素成本,这个产业应当具有竞争力,但由于由基础设施、物流及其他商业条件所决定的交易成本非常高昂,这个产业在全球市场中尚不具备竞争力。

或绿色产业园来鼓励集群，进而实现速赢。第 8 章讨论发展金融的前景。

* * *

政策制定者、援助机构、学者、学生、国际货币基金组织和世界银行等国际开发银行、区域性开发银行（包括新银行和基金）、主权财富基金、公共养老基金、非政府组织、民间社团组织以及私人部门投资者等，都应会对本书感兴趣。

我们希望为国际援助和发展合作的讨论贡献力量，深化对来自新兴市场经济体的另类观点的理解，在帮助建立包容性的援助与合作机制方面发挥一些作用，最终减少贫困，维持后 2015 时代的发展。

第2章

结构转型是发展的关键

STRUCTURAL TRANSFORMATION IS KEY TO DEVELOPMENT

本章概览

本章通过介绍新结构经济学(New Structural Economics, NSE)及其对结构转型的遵循比较优势(comparative advantage-following, CAF)战略的启示,为全书奠定理论基础。

正如新结构经济学所详细阐述的,对于低收入国家创造就业、减少贫困和实现包容性的发展,最有效的和可持续的方式就是通过发展该国具有潜在比较优势的产业来启动结构转型。政府可以积极干预,通过创造具有良好基础设施的特区和有吸引力的商业环境来降低这些产业部门的交易成本。一个采取了这种方式的发展中国家,即便它整体的基础设施和商业环境不够完善,也能够立刻开始强劲增长并在创造就业和减少贫困方面取得一个良性的循环。

本章接下来探讨世界各地在不同历史时期的结构转型对于增长、创造就业和减少贫困的重要性。在工业革命期间,结构转型以"雁阵模式"从英国传播到欧洲大陆和美国,然后到日本。

随后是对韩国和中国结构转型的分析,说明结构转型是一个浪潮迭起的连续过程,以及制造业公司总是倾向于转移到在相关部门具有比较优势的国家。

最后,我们清楚地看到,巴西、中国和印度的产业升级为其他低收入发展中国家创造了机会。这三个国家都是幅员辽阔的国家,当它们开始升级和裁员,它们更像是"领头龙"而不是"领头雁",从而能够为以撒哈拉以南非洲国家为代表的发展中国家提供巨大的机会。

发展经济学 3.0

发展中国家几十年来都在试图追赶高收入的工业化国家。在 20 世纪 60 和 70 年代，当时盛行的发展思潮是建议政府采取进口替代（import-substitution, IS）政策——通过干预来克服市场失灵，从而加速工业化。第二次世界大战后，多数发展中国家都清楚地认识到工业化在加速结构转型和赶超欧洲、日本及美国中所起到的作用。出于对赶超的渴望，发展中国家采取了流行的“结构主义”（structuralism）范式，它主张以进口替代主导的工业化模式来建立与工业化国家相类似的先进产业。[①] 这方面的例子包括在巴西、埃及、加纳、印度和韩国等各不相同的国家建立诸如钢铁、化工、机械和运输设备等重工业。这一战后思想可被标注为“发展经济学 1.0”。遵循这种方式的国家取得了一些投资主导下的初步成果，但是它们很快就陷入了不断的危机和停滞中。

① 例如 Prebisch(1950)。

发展思潮接下来就转向了新自由主义，正如在20世纪80年代的"华盛顿共识"中所述，这是一个克服政府失灵的尝试。在治理和商业环境方面的改革旨在将高收入的工业化国家理想化的市场体制移植到发展中国家。这些政策处方可被称作"发展经济学2.0"。其结果是发展中国家失去了几十年的增长——其中许多国家甚至经历了去工业化(Lin,2013, p. xxiii;另见本书第3章)。

进入21世纪，跟随着North(1990)和其他学者的开创性研究，许多经济学家重点关注制度作为长期增长的来源。例如，Acemoglu发现"当政治制度将权力赋予那些产权执行基础更广泛的利益集团，当它们创造出对权力所有者有效的约束，以及当权力所有者只能获取相对较少租金的时候，经济制度将促进经济增长的出现"(Acemoglu et al., 2005, p.387)。"然而，这类研究所面对的一个挑战是不能在特定的制度设计特征和增长间建立因果联系，反映出外生因素对制度效率的潜在影响。确实，正如Rodrik(2008)所指出的，不同的制度可能产生类似的结果，而相同的制度也可能导致在不同情境下出现不同的结果。因此，发展路径中失败与成功的区别可能在于挑选出是什么因素使得制度能够有效地运行"(Fofack,2014,p.9)。

虽然我们完全赞同制度对于发展非常关键，但现实中，由于发展中国家所处的发展阶段，它们都内在地被赋予了薄弱的体制和治理不善。它们也因采纳了曾盛行一时的针对其现代化和战后重建的发展思潮而遭受着各种扭曲。那么，它们应该着眼于改善治理，还是应该在即便治理不善的情况下启动经济发展？全球学术和发展社会中的主流思想赞同第一种方式。而我们则主张第二种方式。

从大量的经验证据来看，我们认为好的治理不是动态增长的一个先决条件。我们相信，尽管整体的治理比较落后，在发展中国家启动增长的关键是通过在经济特区中创建飞地来提供良好的商业环境，同时通过移除束缚性约束来帮助产业变得具有竞争力。类似的论证也适用于基础设施。在帮助产业提高竞争力方面的快速成功创造了就业、出口、税收收入、资源和促使该国其他地区进一步改进的经验。这是减少贫困的最好方式。我们还认为制度是内生的：随着收入上升和经济自由，人们将不断争取更好的制度，包括政治制度和良好的治理。

在忽视了近二十年之后，许多经济学家和政策制定者最近重新认识到结构转型的重要性。与“自由制度多元主义”(liberal institutional pluralism)着重于有效公共服务交付的制度相反，新结构经济学把注意力拉回到转型和产业升级上，这些才是许多低收入和中等收入国家的优先政策事项。基于中国和其他增长强劲的东亚经济体独特的经验，林毅夫作为世界银行的首位来自发展中国家的首席经济学家，在 2009 年提出新结构经济学，并在 2012 年出版了相关书籍(Lin，2012b，2012c)(见专栏 2.1)。

新结构经济学是新古典方法的一个应用，它研究经济结构的决定因素，以及在经济发展和变迁中导致转型的原因。它强调了政府在发展中的作用——促进硬件和软件基础设施的提供以及甄别该国在一个竞争性市场中现有的和潜在的比较优势。

在他后来提出的"增长甄别与因势利导"(Growth Identification and Facilitation, GIF)框架中(见第7章),Lin(2012c)"具体化"了他的理论,提出了甄别具有潜在比较优势的产业部门并促进其发展的方法。新结构经济学和GIF框架引起了新兴和发展中国家的关注,因为它们的政策制定者领悟到了其对结构转型——增长和创造就业的引擎——的迫切需要(见图2.1)。

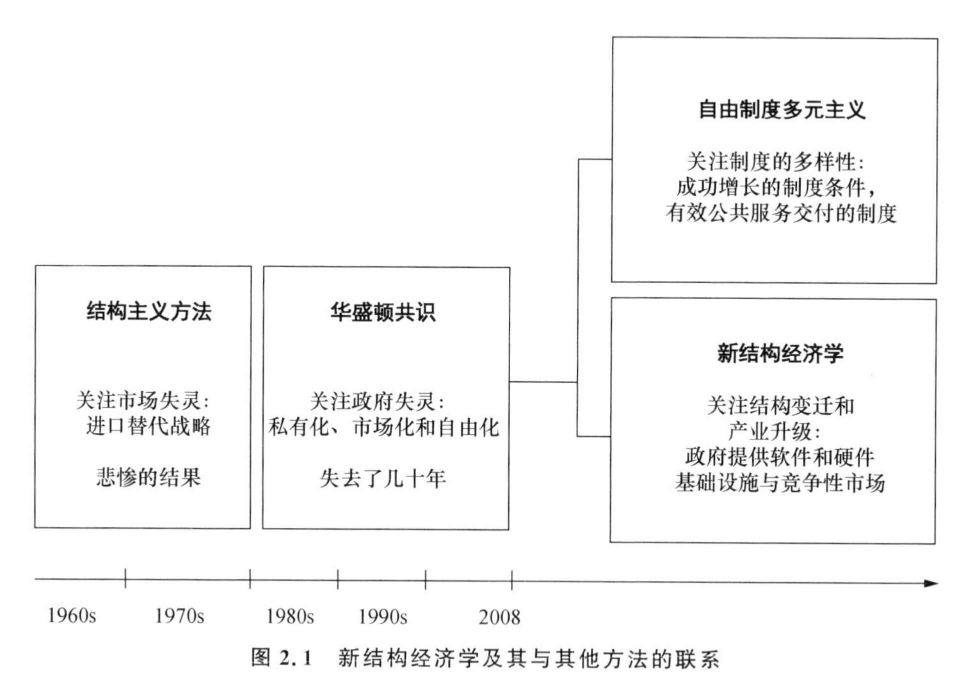

图2.1 新结构经济学及其与其他方法的联系

资料来源:Fofack(2014)。

专栏2.1

新结构经济学:帮助解释最成功发展中国家的表现

新结构经济学起源于这样一个观察,即现代经济发展的本质是在技术、产业和软硬基础设施方面持续的结构变迁使得经济中的劳动生产率进而人均收入不断提高。在某个特定时间一个经济体的最优产业结构——使得该经济体在国内外最具竞争力的产业结构——是内生于其比较优势的,而其比较优势反过来又是由当时给定的经济禀赋结构所决定的。

由于最优产业结构在任何一个时点是内生于现有要素禀赋的,一个国家要向上攀登技术发展的阶梯,就必须首先改变其禀赋结构。随着资本的积累,经济体的要素禀赋结构逐步演进,进而推动其产业结构偏离了由先前水平所决定的最优。于是企业需要升级其产业和技术以保持市场竞争力。如果经济体在发展产业时遵循其比较优势,这些产业将具有最低的生产要素成本,从而在国内和世界市场上最具竞争力。因此,它们将最大限度地获取市场份额并创造出最多的剩余,资本也将获得最大的投资回报。结果是,家庭将具有最高的储蓄倾向,致使国家禀赋结构更快地升级。

一个发展中国家(在遵循比较优势战略中)遵循其比较优势来发展其产业也能够从升级过程的后发优势中获益并且比发达国家增长得更快。发展中国家的企业通过向发达国家学习和借鉴来获取与其新的比较优势相一致的产业和技术创新，便能够从与发达国家的产业和技术差距中获益。相反，经济体在产业升级中试图偏离其比较优势（在违背比较优势战略中）将很可能表现得很差，因为新产业中的企业在一个开放的竞争性市场中是不具备自生能力的，它们通常需要政府通过扭曲及干预市场对其进行补贴和保护才能生存（Lin，2009a）。

那么主要的问题是，怎样保证经济以一种与由其禀赋结构所决定的比较优势相一致的方式来增长？无论在何处，大多数企业的目标都是利润最大化，即其他条件不变，该目标是一个由投入要素相对价格所决定的函数。企业用来选择产业和技术的标准通常是资本、劳动力和自然资源的相对价格。因此，让企业在技术和产业选择中遵循比较优势的先决条件是有一个能够反映这些生产要素在禀赋结构中相对稀缺程度的相对价格体系。这样的体系只存在于竞争性的市场结构中。而发展中国家通常并不是这样的情况，那么政府就必须采取措施来改善市场制度以创造和保护产品及要素市场的有效竞争。

在产业升级的过程中，企业需要拥有关于生产技术和产品市场的信息。如果这种信息是稀缺的，每个企业就必须投入资源来搜集和分析信息。尝试进入一个新产业的先行企业或许会成功（因为该产业与该国新的比较优势相一致），或许会失败（因为它们定位到了一个错误的产业）。

在成功的案例中，它们的经验为其他未来的进入者免费提供了有价值的信息。由于新的进入引入了竞争，先行者将不会得到垄断租金。

另外，这些先行者通常需要在新的商业流程和技术上投入资源来训练员工，而这些员工之后却可能会被其竞争对手所雇用。先行者还为新的活动和人力资本创造了之前并不存在的需求。即便先行企业失败了，它们的经验也为其他企业提供了有价值的知识。然而它们必须自己承担失败的成本。换句话说，先行者投资的社会价值通常远大于其私人价值，在其成功的收益与失败的成本之间存在一种不对称性。

此外，在一个经济体中，成功的产业升级也需要新的金融和法律形式以及其他“软件的”（无形的）和“硬件的”（有型的）基础设施，通过降低交易成本来促进生产和市场交易并使经济达到其生产可能性边界。改善硬件和软件基础设施需要在单个企业决策层面之上的协调工作。

因此，经济发展是一个标志着外部性、需要协调的动态过程。虽然在每个给定的发展阶段，市场都是资源有效配置的必要机制，但政府也必须发挥积极的促进作用来推动经济从一个阶段过渡到另一个阶段。它们必须进行干预以使得市场能够正常运转，这可以通过以下四种主要方式来实现：提供关于新产业的信息，这些新产业是与经济要素禀赋结构变化所决定的新的比较优势相一致的；协调相关产业的投资及改善必要的基础设施；补贴在产业升级和结构变迁中有外部性的活动；通过孵化或者吸引FDI来克服社会资本及其他无形约束的缺陷以催化新产业的发展（Lin，2012c，pp. 21—23）。

总之，新结构经济学的框架是由三大支柱所支撑的：最优产业结构对于处在不同发展阶段的国家是不同的，因为由其禀赋结构所确定的比较优势各有不同；在任何特定的发展阶段都需要依靠市场作为最优的资源配置机制；一个扶持型政府在产业升级和结构转型中要起到因势利导作用。

结构转型是经济发展和减少贫困的关键

工业革命以来的历史显示，从资源攫取和农业等初级活动到制造业活动，进而再到服务业的这种转型对于生产力增长、创造就业和减少贫困是至关重要的。然而大多数发展中国家对此都忽视已久。

二十多年来，主流经济学对结构转型和工业化的关注很少。投入到经济和工业基础设施中的资源非常不足，导致多国的"去工业化"。例如，我们看到非洲的制造业在其 GDP 中所占份额已经下降了 40 年之久。

在一个全球化的世界，结构转型更加关键也更加难以实现，因为商品和服务相对自由地进行跨国贸易，而其他要素禀赋——物质的、人力的和自然资本（例如土地）——正面临着跨国流动的障碍或者完全不可流动。很多发展中国家试图追赶工业化国家但是失败了，其中一些似乎被困于做自然资源和初级产品的出口商。在上个世纪的后半叶，只有28个国家与工业化国家的收入差距缩小了10%或以上。在这28个国家中，只有12个是非欧洲的和非资源型的国家(Lin and Rosenblat，2012)。

特别是在发展的早期阶段，工业化被视作经济增长的主要动力。尤其是制造业，为生产包括技术在内的可贸易商品(tradable goods)提供了新的和无限的可能性。制造业在创造就业中扮演了不可或缺的角色，它在2013年占有世界范围内将近5亿个就业岗位，也就是全球劳动力的约五分之一，并且兼顾了更大的包容性和性别平等(UNIDO，2013)。

图2.2从直观上展示出工业化作为增长引擎的证据。在1990—2014年间，对于世界和非洲地区，制造业附加值(manufacturing value added，MVA)增长和收入增长之间都存在显著的正相关关系。那些制造业附加值增长迅速的国家，例如柬埔寨、中国、缅甸、老挝、越南、新加坡和马来西亚，也见证了更快的人均收入增长。在非洲，表现最好的依次为乌干达、莫桑比克、埃塞俄比亚、尼日利亚、坦桑尼亚和加纳。

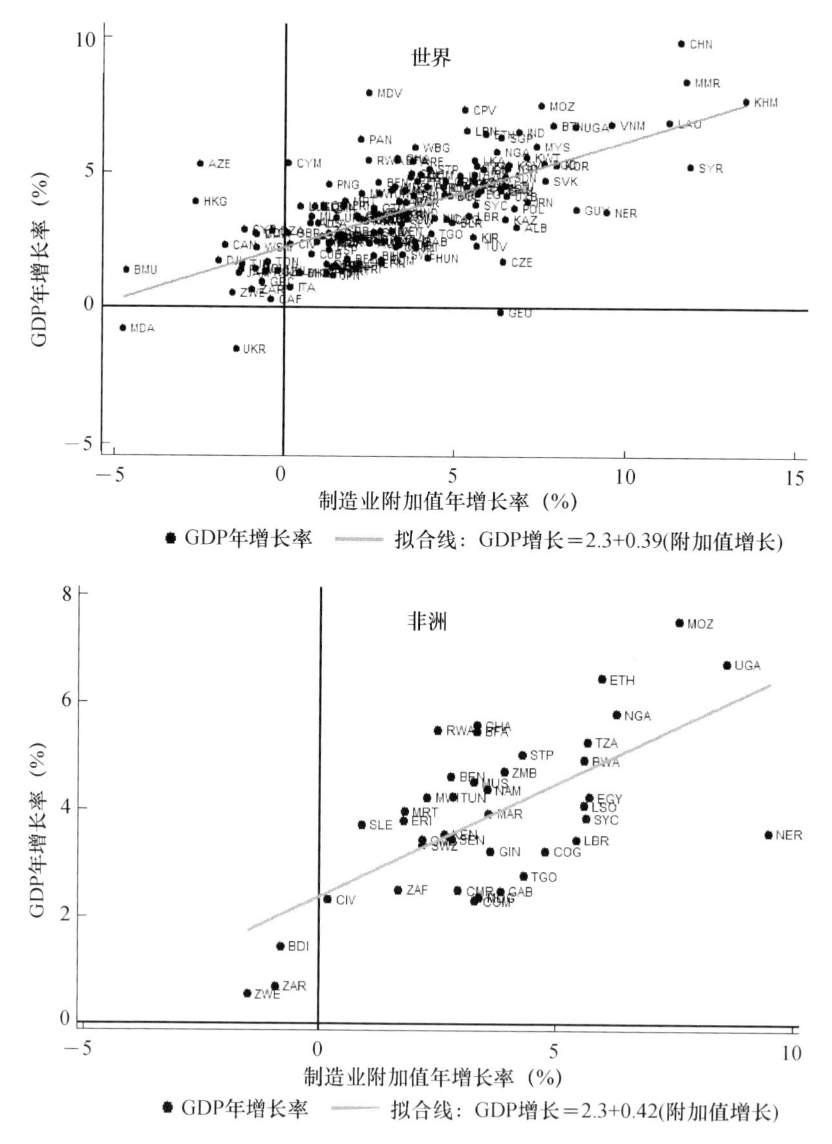

图 2.2　工业化作为增长的引擎：制造业附加值和 GDP 增长率（1990—2014）

资料来源：基于世界银行的世界发展指数（World Development Indicators）数据库计算，于 2016 年 2 月 19 日获取。由王燕和吴海潇基于 Lin(2012d)更新。

工业革命以来的结构转型

许多国家已在结构转型上取得了成功，从资源型或农业经济升级为制造业强国。根据 Angus Maddison 的测算，18 世纪前西欧国家用了 1 400 年的时间使人均收入翻一番，然而随着工业革命的传播，从 18 世纪到 19 世纪中叶，实现人均收入翻倍仅用了 70 年的时间。而后发达国家又仅用了 35 年的时间就再次使得人均收入翻一番（Maddison，2007；World Bank，2008）。这个经济转型的过程在 13 个快速增长的新兴经济体（主要是东亚经济）再次得到了加速，尤为突出的是韩国、中国台湾及其他东亚新兴工业化经济体；随后，在中国和其他国家，沿行了一种以“雁阵模型”为特征的模式（Akamatsu，1962）。19 世纪西欧工业化的蔓延，二战后的快速赶超，以及 20 世纪 60 年代东亚奇迹的出现，都让人联想起“雁阵模式”。在这一部分，我们为这一论断提供证据。

在 20 世纪 30 年代，研究“追赶型增长模型”的经济学家主张追赶不是随机的。Kuznets 和 Akamatsu 探索了工业革命在英国发生的条件，以及它怎样仅传播到那些拥有充足的资本积累和熟练劳动力等条件的国家（Kuznets，1930）。对结构转型和产业升级（Rostow，1960；Solow，1957）以及跨国追赶（Gerschenkron，1962）的重点关注可以在 Akamatsu（1935，1961，1962）对日本——一个从远低于西欧国家收入水平起步的国家——的研究中找到。在20世纪30年代的一篇开创性论文中，Akamatsu记录了被他称为经济发展中的“野雁飞行模式”（wild-geese flying pattern）的模型并注意到“野雁以一定的排列次序飞行，形成了一个倒V字，就好比飞机编队的飞行”（Akamatsu，1962，p. 11）。

这种模式描述了后发经济体在工业化赶超过程中的相继顺序。它集中于三个维度（或者说阶段）：产业内，产业间，以及劳动力的国际分工。第三个维度特别涉及国家间的产业转移过程，即在发展中国家的赶超收敛过程中，产业从发达国家转移到发展中国家。这一阶段的一个显著特征是劳动力密集型消费品的出口开始下降，而资本品开始被出口。在这一阶段，一部分经济体通过模仿和在实践中学习来共同进步。

然而，Akamatsu模型的一个弱点是他只描述了雁阵模式而没有将其与一个国家的禀赋结构和比较优势相联系。他没有认识到市场机制是一个国家成功遵循其比较优势的一个必要条件。但是，他注意到了资本的积累、人们的技术适应性以及促进消费品产业的政府保护政策对这个模式至关重要（Akamatsu，1962，p. 3）。

在传统的结构主义观点和新结构经济学之间存在一个根本性的区别。新结构经济学主张，只有当后发者依照遵循比较优势的方式，并且它们与领先经济体的收入水平和禀赋结构差异不太大，从而使其能够降低创新的风险和成本时，这些后发经济体才能利用雁阵模式来追赶。只要工业化是遵循比较优势的，那么就不需要政府采用保护主义政策，因为企业在一个开放的竞争性市场中是具有自生能力的(viable),从而能够经受住市场竞争的考验。相反,政府的角色被限于克服外部性以及协调产业升级和多样化过程中所固有的问题,以促使企业进入该国具有潜在比较优势的新产业。[①]

工业革命的传播：领先者与后来者

工业革命在 18 世纪从英国发起,但是大约有 50 年并没有向其他国家传播,因为英国政府禁止出口机械、制造业技术和熟练工人。在 19 世纪,工业革命逐渐开始向西欧其他国家蔓延。欧洲大陆最早的工业制造中心是比利时,煤、铁、纺织、玻璃和武器制造在那里蓬勃发展。到了 1830 年,法国公司已经雇用了许多英国的熟练工人来帮助建立现代纺织工业,铁路也开始出现在西欧各地。德国在发展工业方面是一个后来者,主要是因为早先那里没有一个中央集权政府。

第一台蒸汽机车于 1804 年在英国发明,但是其他欧洲国家在 19 世纪 30 年代之前并没有开始修建铁路。例如,德国于 1835 年生产了第一台机车,但是铁路修建滞后,因为在 1871 年以前那里没有一个中央集权的政府。19 世纪 40 年代后,德国的煤铁生产突飞猛进,到了 50 年代,铁

---

① 如果根据由一个经济体的要素禀赋结构决定的生产要素成本,该经济体在某个产业应当具有竞争力,那么这个产业就是该经济体的潜在比较优势。然而,由于高昂的交易成本(由基础设施、物流及其他商业条件所决定),该经济体的这个产业在全球市场中可能尚不具备竞争力。

路网的建设开始启动。在1871年政治统一后,德国新铁路的长度超过了英国,并且在生铁和其他工业生产方面都展现出了快速的追赶(见图2.3)。

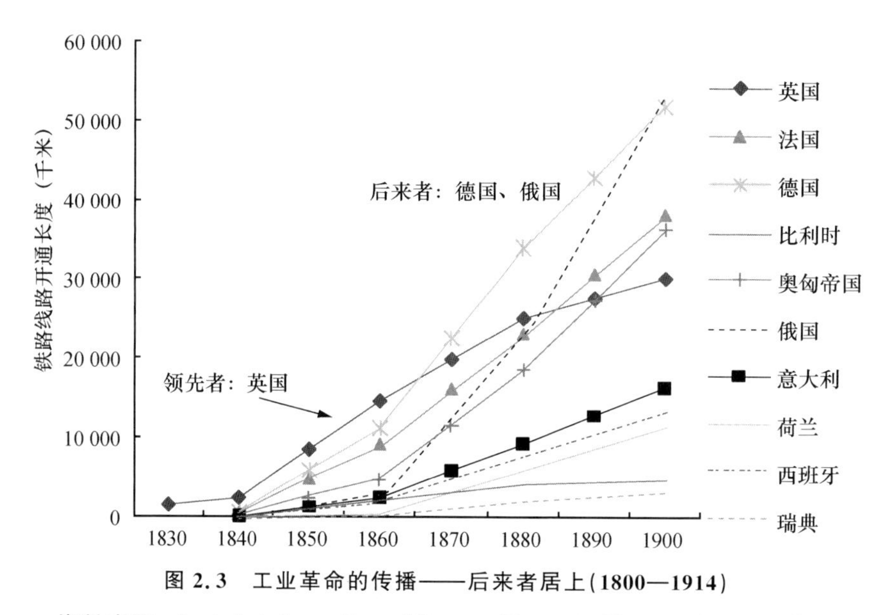

图2.3 工业革命的传播——后来者居上(1800—1914)

资料来源:Statistical Appendices,"Fontana Economic History of Europe," Vol. 4, *Modern History Sourcebook* (On-Line). http://www.fordham.edu/halsall/mod/indrevtabs1.asp

工业化在美国被推迟了,因为当时的美国缺少基本的要素禀赋——劳动力和资本——来投资于制造业。当美国最终在19世纪20年代参与进来时,增长是爆炸式的。劳动力和资本来自欧洲那些政治革命送来的移民。美国的第一台蒸汽机车出现在1826年,第一条铁路修建于1827年。铁路长度在1850年超过了英国,达到9 021英里,并且在1890年快速向西扩张,达到129 774英里,超过了欧洲大陆的铁路长度(Depew,1895, p. 111)。快速的工业化和结构转型紧随其后。在

1800 年，农民占到了美国人口的 85%，但是在 1860 年只占到 50%。

Gerschenkron(1962)观察到快速的工业化可以从不同层次的“经济落后”(economic backwardness)开始。事实上，“一个国家的经济越落后，特殊制度因素(政府机构、银行)在增加对新生产业的资本供给中所扮演的角色就越重要”(Gerschenkron，1962，p. 354)。

与 Akamatsu 类似，Gerschenkron 理论的一个弱点是他没有强调为了使后来者具有竞争力，它必须甄别出与其比较优势相一致的产业(即遵循比较优势)。工业化可以从一个很低的经济发展水平开始，但是如果所处水平太低，过于先进的产业将是违背比较优势(comparative advantage-defying，CAD)的，可能需要高度的国家补贴和保护。凭借政府的支持，建立先进产业是可能的，但是只要它们是违背比较优势的，它们就既不具备自生能力也不具有竞争力。政府支持很可能会导致资源错配和寻租，结果造成缓慢的增长和频繁的危机。那么后发优势则会转变为后发劣势。①

日本在明治时期的赶超：通过先进口再出口的学习

在 19 世纪 50 年代，日本的人均收入只有西方国家的三分之一，从这样的低水平起步，日本用了 50 年实现了快速赶超，在世纪之交成为亚

① 详细的讨论参见：Lin. 2016. “Later Comer Advantages and Disadvantages: A New Structural Economics Perspective,” in M. Andersson and T. Axelsson eds. *Can Poor Countries Catch Up*. Oxford: Oxford University Press.

洲的第一个工业化国家。在1854年开放贸易之后，日本政府通过派遣高级别的使节团（包括约一半的政府大臣）到美国和欧洲将近两年，鼓励他们学习西方的技术和制度（Shimposha，2000，p. 48）。在1858年签署了《安政条约》之后，日本对其关税政策失去了控制，但政府通过修建国家的现代基础设施和鼓励"干中学"来提供便利条件。东京和横滨之间的电报服务开始于1870年。日本的第一条铁路修建于1872年，连通了横滨和新桥。截至1900年，日本已有3 875英里长的铁路（Ito，1992）。在19世纪末，政府还通过进口现代机器以及雇用外国专家指导日本工人和管理者等方式引进了国外技术（Ozawa，2004）。

在整个明治时期（1868—1912年），日本最大的出口是生丝、茶叶和海产品，这些与其经济的比较优势相一致。随着其棉花产业的成长，日本对棉花的进口不断下降。1890年，它开始向亚洲邻国出口大量的棉花、纱线和服装（也就是产业内升级，如Akamatsu（1962）所述）。在制度方面，日本组建了一个银行系统，并于1882年建立了中央银行。"政府用来自中国的作为对1894—1895年甲午战争赔款的黄金储备，使得国家建立起一个运转良好的金本位制度"（Ito，1992，p. 21）。

工业革命的历史经验提供了几个启示。首先，技术前沿的国家可以充当"领头雁"的角色，正如英国所做的。后来者具有经济的后发优势，在一定条件下可以很快地追上甚至超过领头雁。其次，资本积累对于成功是必要但不是充分条件。政治稳定性、贸易开放度和劳动力流动性对于获得新技术和发展新产业都是很重要的。此外，如同在德国、日本和美国那样，政府必须起到促进作用，为先行者提供激励并协调硬件和软件基础设施的需求。如果没有从1871年开始的一个中央集权政府的存在，德国就不会有铁路或者工业革命。

更重要的是，选择一个正确的目标国对于赶超具有决定性作用。一些欧洲国家能够相对较快地赶上英国，是因为它们的发展阶段与作为领先者的英国相差不是很远（见表2.1）。根据Maddison(2001)，在1870年，法国、德国和美国的人均收入大约为英国的60%—75%。[①] 在明治维新时期，日本将普鲁士（之后是德国）的产业定为目标，其人均收入约为后者的40%。因此，日本将目标定为德国而不是英国或者美国是现实的，英美的发展过于超前。虽然许多国家曾尝试赶超，由于日本选择了正确的国家作为目标，它成功了并且成为东方的第一个工业化国家。

表2.1　战前和战后的赶超　　单位：1990年国际元

国家	欧洲以英国为目标，差距比较小		日本在明治维新时期以德国为目标			日本在二战后以美国为目标		
	1870年	**占英国的百分比(%)**	**1890年**	**1900年**	**占德国的百分比(%)**	**1950年**	**1960年**	**占美国的百分比(%)**
法国	1 876	59	2 376	2 876		5 186	7 398	
德国	1 839	58	2 428	2 985	**100**	3 881	7 705	
英国	3 190	**100**	4 009	4 492		6 939	8 645	
美国	2 445	77	3 392	4 091		9 561	11 328	**100**
日本	737		1 012	1 180	40	1 921	3 986	35

① 以1990年国际元计算，英国的人均收入在1870年是3 190国际元，而大多数西欧国家的人均收入为1 500—2 500国际元。

（续表）

国家	东亚“四小龙”（包括韩国）在20世纪60至80年代以日本为目标			中国以东亚“四小龙”（包括韩国）为目标			2000年后，后发国家开始以中国为目标		
	1960年	1970年	占日本的百分比（%）	1980年	1990年	占韩国的百分比（%）	2000年	2008年	占中国的百分比（%）
英国	8 645	10 767		12 931	16 430		20 353	23 742	
美国	11 328	15 030		18 577	23 201		28 467	31 178	
日本	3 986	9 714	**100**	13 428	18 789		20 738	22 816	
韩国	1 226	2 167	25	4 114	8 704	**100**	14 375	19 614	
中国	662	778		1 061	1 871	23	3 421	6 725	**100**
印度	753	868		938	1 309		1 892	2 975	44
越南	799	735		757	1 025		1 809	2 970	44

注：目标国家以黑体标出，跟随国家以下划线标出。
资料来源：作者根据 Angus Maddison 数据库进行的计算。

二战后：美国为日本和其他国家指路

在二战后的几十年，也就是所谓的“资本主义黄金时代”（1950—1974年），西欧和日本的经济享受了前所未有的增长和技术升级。其间，近乎所有的发展中国家都在追求“国家干预”（dirigiste）资本主义，然而除了日本、韩国和其他东亚“四小龙”之外，其他国家并没有成功。原因何在？

新结构经济学认为日本和东亚成功的关键在于它们的发展紧紧遵循其比较优势，并且它们的政府扮演了促进者的角色（Lin，2010；Lin and Monga，2012）。

就在第二次世界大战前，纺织品和其他轻工业产品占到日本出口的 60%—75%，日本的纺织品业处在其巅峰（Ito，1992，p. 24）。在 20 世纪 60 年代，当日本的人均 GDP 约为美国的 40%，并且已经建立起一个坚实的工业基础之时，日本将美国的产业作为目标。据日本的历史劳动力统计记载，日本的劳动力在制造业部门所占比例的上升恰与该比例在美国的下降相吻合。在 20 世纪 60 至 70 年代，日本支持其重工制造业部门，包括机械和汽车。在 80 至 90 年代，正当美国升级其工业基础时，日本扩张了它在家用电器、电子和计算机市场的份额（见图 2.4）。

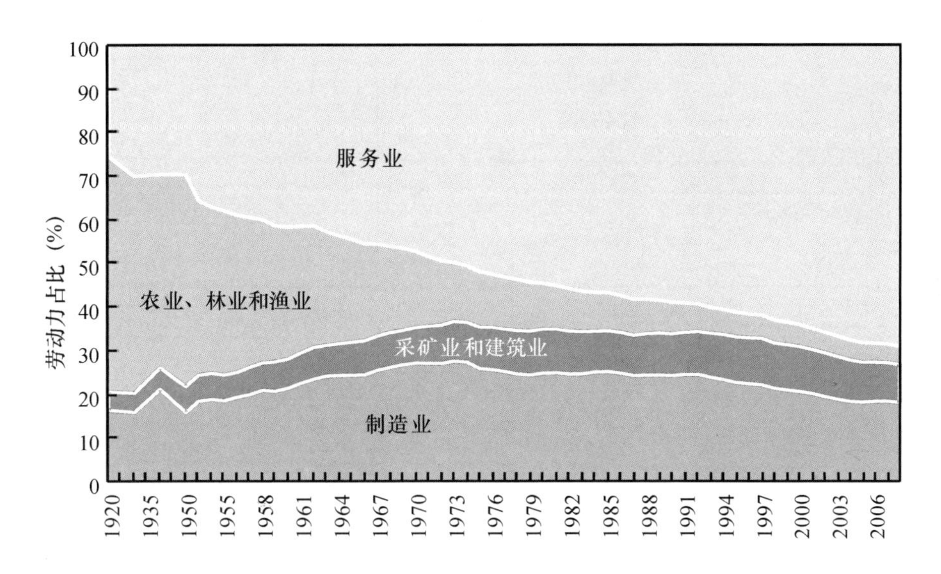

图 2.4　日本的结构转型——伴随着服务业扩张，制造业增长之后缓慢下降

资料来源：作者基于 Historical Statistics of Japan（On-line）。http://www.stat.go.jp/english/data/chouki/index.htm

图 2.5 展示了从 99 个制造业部门中选出的 5 个子部门在 1958—2005 年间的就业份额，按照从劳动密集程度最高的产业到资本密集程度最高的产业来排列。随着资本—劳动比率的增加，产业和就业结构的变化非常显著。特别地，对于劳动力密集程度最高的行业，例如纺织，

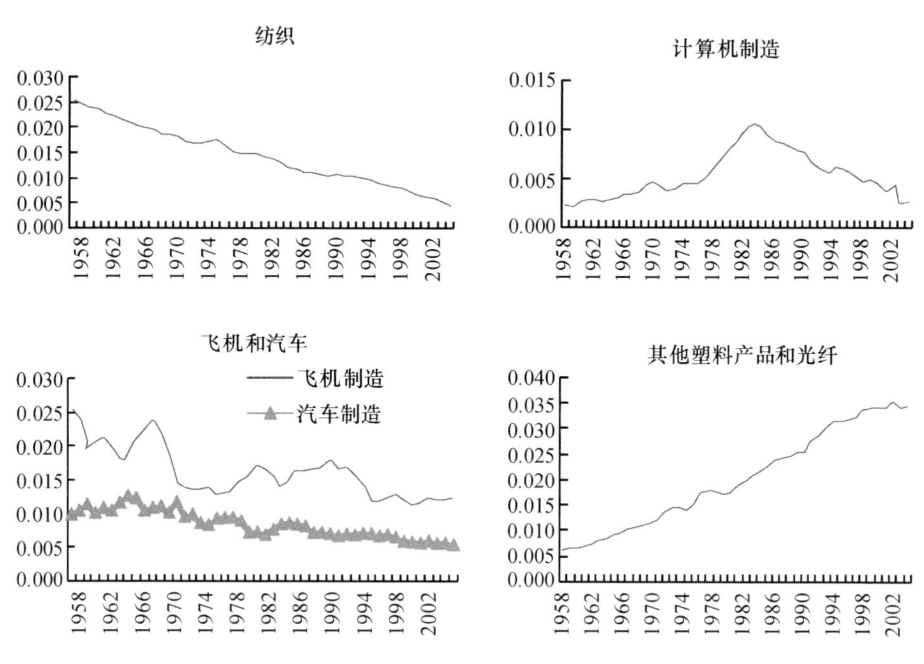

图 2.5 美国作为转型的领导者——所选子部门中劳动力占总就业的份额(1958—2005)

注：从 99 个工业部门中选择的子部门按照它们的资本—劳动比率排序。它们是(1) 劳动密集型部门(产业 313210，宽幅布纺织)；(2) 中等资本—劳动密集(产业 334111，电子计算机制造)；(3) 高度资本密集(产业 336411，飞机；产业 336111，汽车)；(4) 高度技术密度(产业 326199，其他塑料产品制造，包括光纤透镜、挡风玻璃和光学产品)。这里使用了 1997 年的 6 位 NAICS 代码(473 个产业)。

资料来源：Ju, Lin, and Wang(2011)。基于 NBER-CES 在 1958—2005 年间的制造业数据。

其雇佣劳动力份额呈单调递减。在计算机制造等行业，其雇佣劳动力份额先增加后减少，显示出驼峰形或倒 V 形。飞机和汽车制造等产业是资本密集型的，但由于受限于劳动力节约的规模经济，其劳动力份额显示出缓慢下降的趋势。在技术密集程度最高的部门，例如塑料（包括光纤透镜），就业份额呈单调递增，表明美国在这些行业中依然保持着比较优势。总的来说，制造业部门在 20 世纪 70 年代开始裁减劳动力，而服务业部门在整个期间内创造了更多的工作岗位。这一进程在 20 世纪 90 年代加快了速度。

为什么美国的就业结构变化如此迅速？首先，在教育、金融、法制及硬件基础设施方面的同步改进使得企业能够持续创新和创造出新产业，并且最大限度地逼近其生产可能性（Harrison and Rodriguez-Clare，2010）。其次，全球化加快了这个进程。因为美国维持了一个开放的贸易制度和自由的投资政策，开始于 20 世纪 70 至 80 年代的产业转型超过了其他国家（McMillian et al.，2011）。最后，跨国公司的行为非常重要。利用日本通商产业省（MITI）和美国的与外向 FDI 相关的企业层面数据，Lipsey et al.（2000）发现美国跨国公司通过将生产中劳动密集型的部分配置到发展中国家的子公司来减少本国的劳动力雇佣。

为什么日本的经济增长在 20 世纪 70 年代之后没有持续？从 20 世纪 50 年代中期到 1973 年，日本曾维持近 20 年的快速增长。但是增长在 1973 年开始下降，可归结于以下三个原因：石油危机，投资下降，以及技术进步放缓。“日本最终在 20 世纪 70 年代中期在技术上赶上了美国和西欧国家……[并且]由于发展一个国家自己的新技术与直接获得许可证相比更加困难,之后日本的增长率不得不下降”(Ito,1992, p. 72)。换句话说,日本的后发优势已经耗尽。于是经济主要受制于在全球技术前沿上的自主创新速度。由于在劳动密集型部门失去了比较优势导致国内劳动力成本上升,日本不得不将其部分生产基地搬迁至韩国、中国台湾和其他新兴工业化经济体(NIEs)。

东亚的“雁阵模式”转型

已有完备的记录证实,几代“领头雁”在东亚经济的快速发展中扮演了重要角色。从 1965 年到 1990 年,日本成为世界上最大的制造业产品出口者,将其在世界市场中的份额从 8%提升到了将近 12%。它的成功被 20 世纪 70 年代的第二代(中国香港、韩国、新加坡和中国台湾),80 年代的第三代(印度尼西亚、马来西亚、菲律宾和泰国,即“东盟四国”),以及 90 年代的第四代(中国内地和越南)所继承(Gill and Kharas, 2007, p. 81)。

然而,尚未被充分研究的是,“雁阵模式”在子部门层面是怎样演化的,一个产业是怎样从一个国家“跳”到另一个国家的,以及韩国是怎样将劳动密集型子部门让与第三代飞雁——亚洲“四小龙”、中国内地和越南的。利用联合国 Comtrade 数据,我们以图说明(见图 2.6):

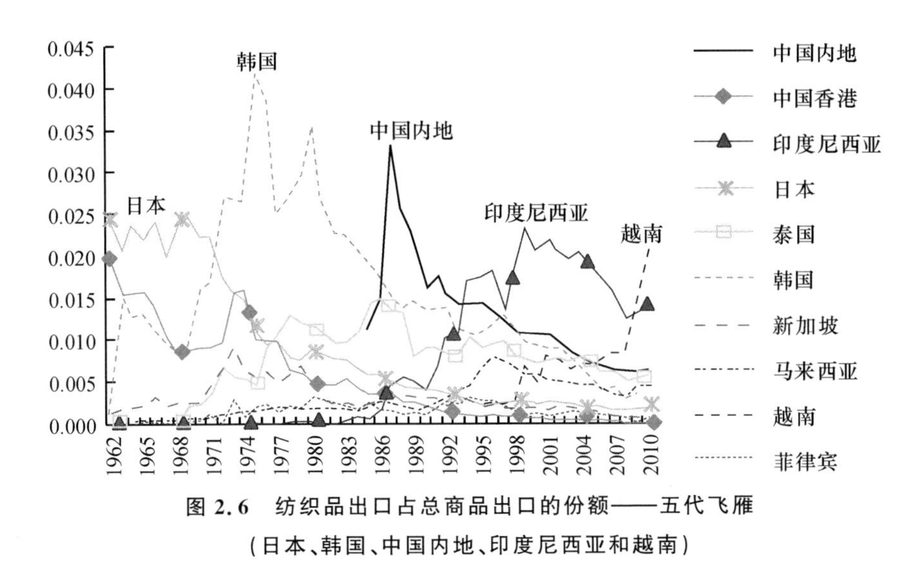

图 2.6　纺织品出口占总商品出口的份额——五代飞雁
（日本、韩国、中国内地、印度尼西亚和越南）

注：数字基于 SITC Rev. 1 的 3—4 位码。

资料来源：作者基于 UN Comtrade 数据，来源于 WITS 数据库。

• 一些子部门呈现出倒 U 形，在这些子部门领头雁丧失的比较优势被其追随者获得（正如在 Akamatsu（1962）中所述）。由于 Akamatsu 的转型周期可以持续 100 年以上，只有在用诸如行业中的出口份额这样的简单指标来描述这种模式时才会出现倒 U 形。随着每个国家禀赋结构的变化，每一个特定行业都可能有几代国家在不同时期先后充当起领头雁的角色。

• 在纺织品——一个上游的但劳动密集的产业——依次出现了五代领头雁。日本在 20 世纪 80 年代将领头雁的位置让与韩国，之后在 90 年代变为中国内地，不过中国当前的纺织品出口正随着劳动力成本的上升和劳动份额的下降而失去动力。东盟四国（ASEAN4），尤其是印度尼西亚和越南，以及那些能够快速扩张市场份额的国家有更好的机会从追随中国的脚步中获益。

- 20 世纪 70 年代，日本在服饰服装行业的领先地位输给了韩国，而随着韩国的领先地位在 1989 年让与中国，韩国的服装出口呈现出清晰的驼峰形。中国在东盟四国之后崛起，但是其低工资和在很多省份中有效的产业集群使其成为主导。处在主导地位多年之后，由于上升的工资，中国现今正在失去其比较优势，其市场份额将逐渐让与东盟四国、越南和那些能够抓住机会快速扩张出口的国家。

这个分析的一个关键点是，中国从这些劳动密集型产业中"毕业"给其他低收入国家提供了巨大的机会。

韩国——一个成功的产业升级案例[①]

韩国从 1962 年开始的产业升级经常被描述成一个飞雁追赶的好例子。[②] 其制造业占 GDP 的份额从 1953 年的仅 9%上升到 1988 年的 30.1%，同时农业和采矿业的份额在 20 世纪 90 年代下降到了个位数。

---

① 作者感谢 Kwang Park 对本章关于韩国部分的贡献。

② 韩国在 20 世纪 60 年代到 80 年代的产业升级可被划分为三个阶段：(1) 起飞阶段(1962—1973 年)；(2) 重化工业驱动阶段(1973—1979 年)；(3) 自由化阶段(1980 年之后)(World Bank，1987)。关于产业政策的细节，参见 World Bank (1987)，Krueger (1997)，Suh (2007)，和 Lim (2011)。

在产业升级的这个阶段——由出口导向型产业所引导——经济的后发收益凭借从劳动密集型产业向资本密集型产业的有序结构转型而得到发掘。截至20世纪80年代早期,劳动密集型产品,主要是木材制造和服装,二者合起来占到总出口的约60%,贡献了出口的大部分。从1983年起,资本密集型的机械和运输设备产品开始迅速增长,逐步超过劳动密集型产品;90年代中期之后,它们的份额超过了总出口的一半。

我们认为韩国的成功部分归因于它始终遵循着自己的比较优势,其随着要素禀赋的变化而演进,呈现出飞雁追赶的模式(图2.7a展示了产业内和产业间维度)。[①] 韩国一步步地向价值链的高端移动,从服装出口到纺织品出口,再到合成纤维生产(Lin,2011)。在电子产业,由净出口指数所记录的比较优势揭示出从简单产品到更复杂产品的产业升级(Lin and Chang,2009)。从进口原件组装收音机开始,韩国经济在家电产业中获得了比较优势(World Bank,1987)。在20世纪80年代中期,韩国开始在在电子元器件(晶体管和半导体)中获得比较优势,随后在90年代,又在信息、通信和工业电子方面获得了比较优势(见图2.7b)。

---

① 一些批评者认为韩国采用的是违背比较优势战略;参见Lin and Chang(2009)。我们认为它的政策是与新结构经济学和GIF框架相一致的。

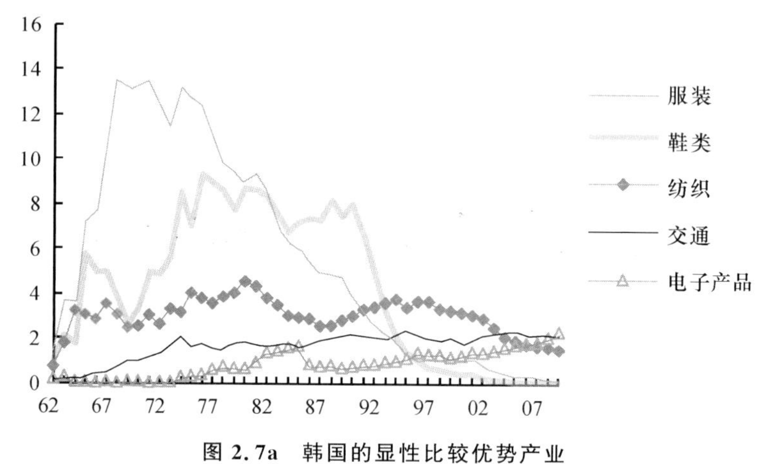

图 2.7a 韩国的显性比较优势产业

RCA＝一个产业在经济体出口中的份额/它在全球出口中的份额

注：基于 SITC Rev.1 的 2 位码。

资料来源：UN Comtrade 数据，来源于 WITS 数据库，作者计算。

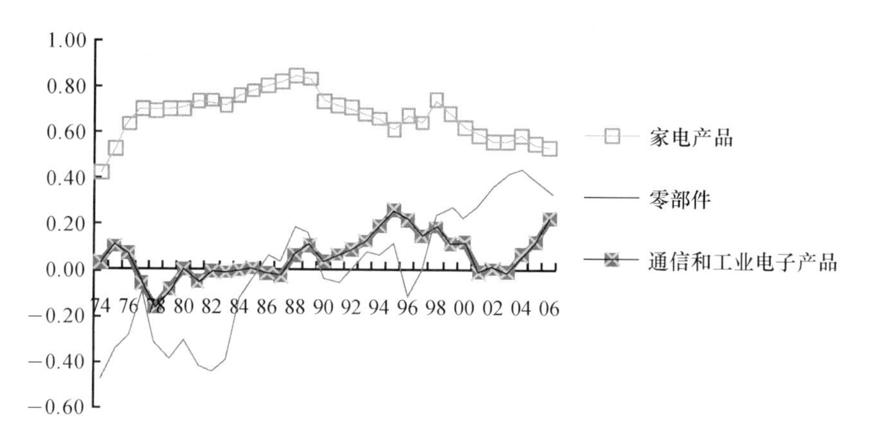

图 2.7b 韩国的电子产品贸易专业化指数

注：每个产业的贸易专业化指数＝(出口－进口)/(出口＋进口)。

资料来源：Korea Electronic Association.

沿着产业间维度，直至20世纪60年代末，该经济体在服装出口方面维持了高度的显性比较优势（revealed comparative advantage，RCA），随后到80年代是鞋业。在90年代，它在电子产品出口上迅速发展了高度的RCA，直到最近被运输设备出口所替代。

韩国的飞雁追赶也具有国际维度，涉及产业的国家间转移。例如，在20世纪60年代中期，其鞋业的RCA获得了激增，部分归因于当地企业和日本企业的制造联盟与技术合作，这是由日本工资上升从而削弱了日本在该行业的竞争力所推动的。在20世纪90年代中期，RCA的急剧下降表明韩国更高的工资致使工厂迁移到中国、印度尼西亚和越南（The Committee for the 60-year History of the Korean Economy，2010）。自80年代末自由政策被采纳以来，来自韩国的劳动密集型产业的对外投资增加，而主要目的地就是亚洲国家。

中国的结构转型：学习和产业升级

中国在过去三十多年的成功基于两大支柱。第一个是采用双轨制的改革方式，对资本密集型部门给予过渡性保护，并对劳动密集型产业采取自由进入，从而遵循其比较优势来同时达到稳定和动态的转型。第二个是中国作为一个后来者，沿着“雁阵模式”的路径选择了一个能够利用其潜在后发优势的经济发展战略。

1979年发起改革后，中国的产业发展基本上遵循着国家的比较优势。当中国开始结构转型时，它是一个农业经济，农业是其最大的行业部门，占据了79%的就业岗位。人均收入在1978年为154美元，还不足撒哈拉以南非洲国家平均收入的三分之一。和当今许多类似的国家一样，中国曾是一个初级产品的出口者：直到1984年，中国出口品中的一半都是原材料，包括石油、煤、食品和动物及其他农产品（见图2.8）。

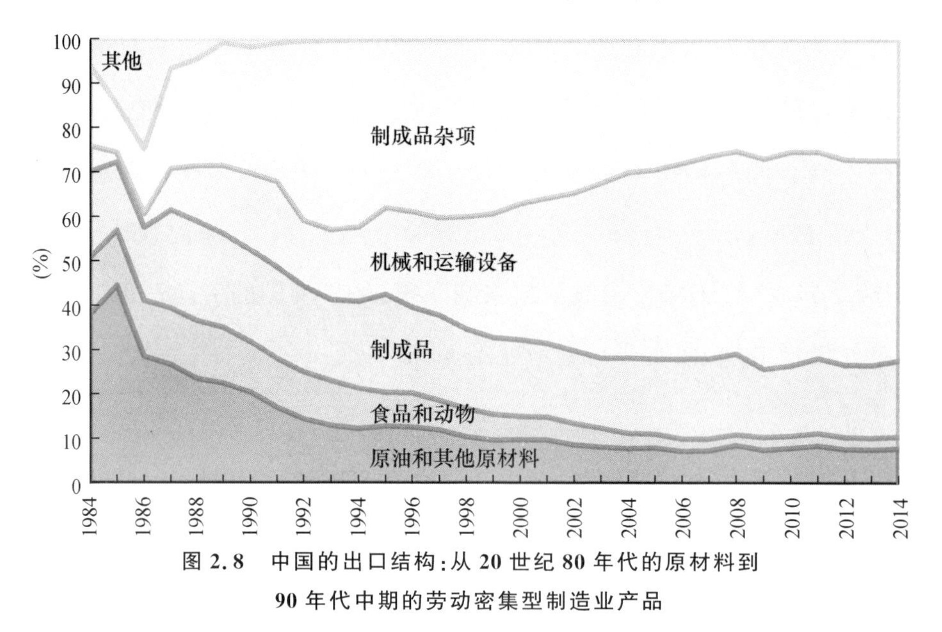

图2.8　中国的出口结构：从20世纪80年代的原材料到90年代中期的劳动密集型制造业产品

注：制造业原料包括铁和钢、精炼汽油和化工产品等。

资料来源：Lin and Wang（2008），由王燕使用Comtrade数据更新。

第一次产业升级，即从资源型升级到劳动密集型产品，发生在1986年，当时纺织品和服装的出口超过了原油。第二次升级发生在1995年，当时机械和电子产品出口超过了纺织品和服装，显示出中国开始了从出口传统劳动密集型产品转向非传统的劳动密集型加工品(装配线)。第三次升级发生在2001年后,随着中国加入世界贸易组织,锁定了商品和服务的贸易自由化,并且使中国的法律法规达到了国际标准。规章制度的改革致使FDI的流入迅速上升,带来了新的技术和流程,并且提高了产品复杂度。①

中国的出口结构在过去三十多年的演进体现出显著的"雁阵"式结构转型,它使得中国告别了出口诸如服饰、纺织和皮革等劳动密集型产品的状态,转变为生产更加复杂的家用电器、办公设备和电子机械等产品。② 不同于韩国的情况,外商直接投资(FDI)在中国的产业升级中起到了关键作用。具体来讲:

- FDI流入推动了产业升级。许多研究都指出国外投资者能很快地确定一个国家的比较优势,在产业发展和升级中充当了最为强劲的力量(Harrison and Rodríguez-Clare,2010; Aghion et al.,2011)。在我们看来,国外投资者充当了增长部门的甄别者,当企业试图开发新产品或进入一个新市场时,它们提供了先进的技术并帮助降低先行者的风

① 然而,在出口复杂程度上有一个谜思,以下文献进行了详细的讨论:Koopman, Wang, and Wei (2008)和Lin and Wang (2008)。事实上,按照附加值来看,超过一半的出口是外国附加值,即商品和服务是由外商投资的企业生产的。在高科技产品中,超过80%的出口都来自这些企业。

② 在供应链纵向解体的背景下,因为跨国公司保留关键部分在本土,而将生产中的劳动力密集型部分(通常是装配)转移到中国和其他低工资国家,所以雁阵模式依然存在。这没有改变我们的基本前提。随着工资在中国上升,劳动密集型装配线将转移到其他更低收入的国家,而中国将升级到具有更高附加值的零部件以及高科技产品的生产上。

险和交易成本。中国制造业的资本—劳动比率从 1985 年的 0.4 上升到了 2007 年的将近 4.0，此时国外投资企业贡献了税收的 20%，进出口的 55%，以及高科技出口的 80%以上（中国商务部，2013）。

- 在上个十年，FDI 流入已经向具有更高附加值的产品、零部件和服务转移。来自中国台湾的投资者提供了企业在电子和信息技术方面所急需的管理技能和技术。这些企业正在将电子零部件制造转移到中国大陆。近年来，随着中国大陆转向刺激内需，批发和零售显示出最快的增长率。在 2015 年，服务业占到了 GDP 的 51%以上。

- 三阶段升级的过程，即从出口低端制造业产品到高附加值产品，进而再到服务业，表明通过出口来学习的重要性。最初的学习活动发生在行业间，然后逐渐水平外溢到新行业（并最终通过向其他国家的 FDI 来实现多样化）（Lin and Wang，2008）。

“领头龙”的出现

中国内地当前所处的阶段相当于西方国家和日本在 20 世纪 60 年代、其他亚洲国家和地区（中国香港、韩国、新加坡和中国台湾）在 80 年代的处境。随着劳动密集型产业的成熟，工资上涨，企业也移入技术更为复杂的产业，这些产业是与内在禀赋结构升级相一致的。在西方国家和亚洲“四小龙”，随着制造业生产的资本密集程度上升，曾有一个整体的制造业工作岗位的缩减和资源向服务业的重新配置。例如，美国制造业的就业份额从80年代的17%下降到了2004年的9%，在同时期的日本，该比率从18%下降到了12%。当劳动密集型产业在高工资国家关闭时，其工作岗位就迁移到其他低工资经济体，比如亚洲“四小龙”。

中国的劳动力成本正在迅速上升，同时其产业、出口和就业的结构也在发生变化。中国的许多经济学家认为中国已经吸收了其劳动力剩余并接近了刘易斯拐点(Cai et al.,2009; Huang and Jiang,2010)。最近的数据显示中国的制造业工资涨势迅猛，从2005年的每月仅150多美元上升到2010年的每月约350美元，进而到2013年的每月500美元(见图2.9)。[①] 准确地说，中国和其他上中等收入国家的工资差距正在缩小，这个趋势将毫无疑问地在未来十年内延续。

中国的“十三五”规划预计2016—2020年间经济将保持平均至少6.5%的年增长率。它还提出实际工资将与GDP同速增长，实际人均收入将比2010年翻一番。这两个增长率都很有可能实现。当与持续的货币升值相结合，未来五年内中国的实际工资会接近每月1 000美元，也就是约等于当今一些较高中等收入国家的水平(例如巴西和土耳其)，并且在2030年达到每月2 000美元(像韩国或者中国台湾)。

由于拥有13亿的巨大人口规模，当中国失去比较优势并开始摆脱劳动密集型产业时，它将成为一条“领头龙”，而不是一只“领头雁”，这为

---

① 来源于*Oxford Analytica*, March 28,2011。在2010—2011年间，中国的最低工资在30个市都上升了至少25%。

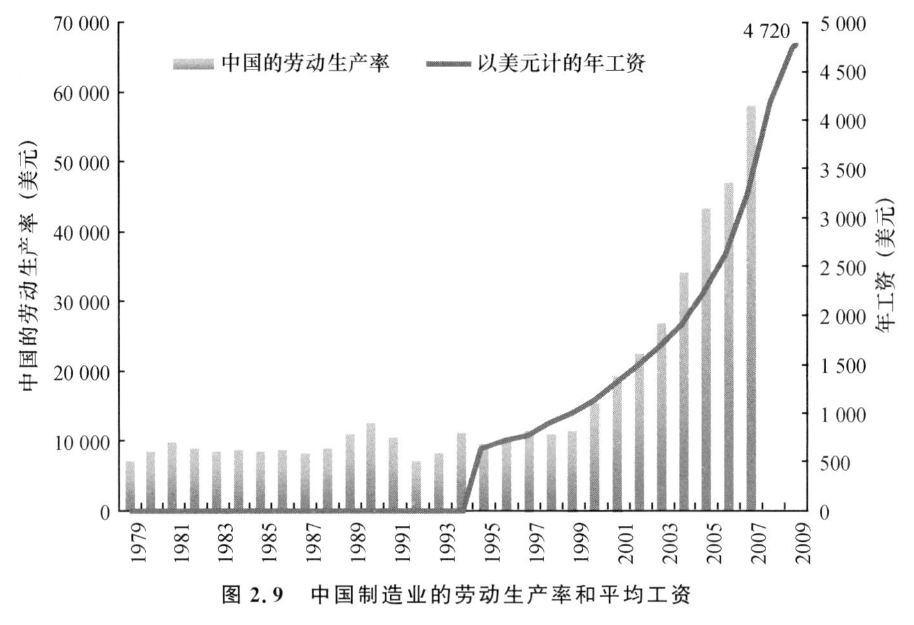

图 2.9　中国制造业的劳动生产率和平均工资

资料来源：Dinh et al.(2012)和基于国家统计局的更新。《中国统计年鉴 2010》。

众多发展中国家提供了机遇。在中国工资上涨的激发下，来自“领头龙”现象的溢出已经在帮助中国将其劳动密集型工作岗位迁移到了其他低工资国家。许多这样的国家都是中国的邻国，包括柬埔寨、老挝、越南甚至孟加拉国，它们在服装、鞋业和其他劳动密集型产业中正在成为新的增长节点。每个国家能够吸引到的工作岗位数量取决于其提供给投资者的激励和便利方案。

发展中国家，特别是劳动力充足型的，能够通过吸引从中国迁出的劳动密集型企业而获益。特别是在南亚，当地稀缺的企业家能力和投资资本一直都是竞争性制造业的头等约束。不言而喻，FDI 流入的可得性使它们能够克服这些约束并很好地利用来自中国和其他新兴市场的企业转移。图 2.10 展示了中国的外向 FDI 数额领先于巴西、俄罗斯、印度、韩国和南非，从仅仅几百万美元上升到了 2014 年的 1 160 亿美元（UNCTAD Statistics，2015）。一大部分外向 FDI 已经投向了亚洲邻国，主要为绿地投资。

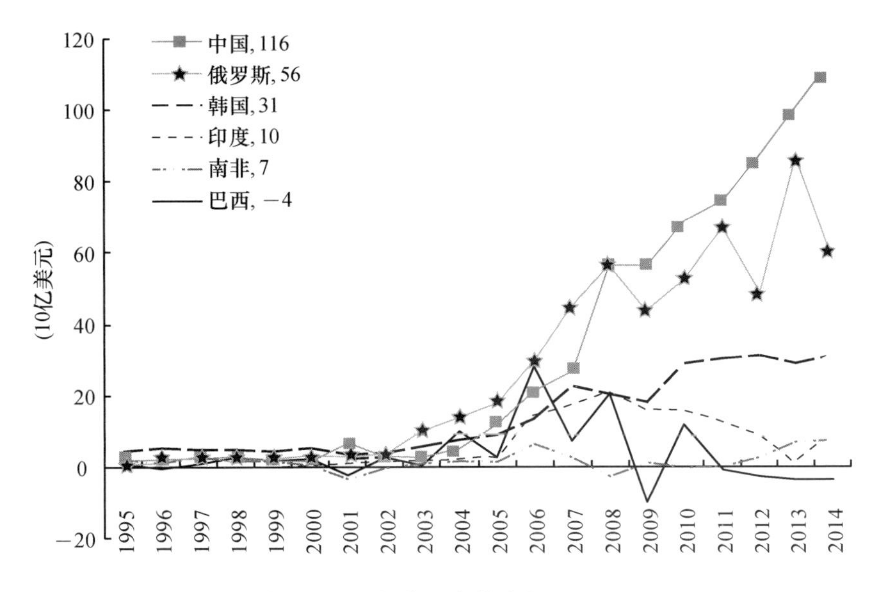

图 2.10　来自中国和其他国家的外向 FDI(1995—2014)

注：根据中国政府的统计，2014 年中国的外向 FDI 是 1 240 亿美元。

资料来源：作者基于 UNCTAD 数据(2015 年 11 月获取)计算。

总之，金砖国家的产业升级为低工资国家提供了机会

由于中国劳动力市场的庞大规模，中国的工业化将为低收入国家创造出数量巨大的就业岗位。因为制造业就业数据非常稀少和初步，

我们不能提供潜在工作岗位转移数量的精确估计，只能使用粗略的计算。在2014年，中国的制造业在全国范围内雇用了约1.24亿工人，大部分集中在劳动密集型部门（大约8 500万）。上涨的工资将迫使中国升级到高附加值和资本与技术更为密集的部门，并将工作岗位转移到具有更低工资的国家。印度当前雇用了约900万工人，巴西约有1 300万。这些新兴国家总共雇用了约1.1亿工人，这些工作岗位将有可能在未来的几十年间被转移到其他发展中国家。

中国、巴西和印度都是幅员辽阔的国家。当它们开始升级并裁减工作岗位时，它们不是“领头雁”，而是“领头龙”，能够为包括撒哈拉以南非洲在内的发展中国家提供巨大的机会。在接下来的几年里，即便中国的制造业只裁减10％的就业，总共就将有850万的工作岗位可以转移到海外，这几乎能使撒哈拉以南非洲的就业在几年内就翻一番，将比之前任何的国际援助都更有效地启动其工业化进程。

第3章

传统援助对结构转型的无效性

TRADITIONAL AID IS INEFFECTIVE FOR STRUCTURAL TRANSFORMATION

本章概览

通过回顾近期的辩论反映出当前在国际援助有效性方面缺少共识，本章强调了对新的理念与实践的需要。关于援助及其有效性，目前还没有一个被普遍接收的定义，我们从结构转型的角度提出了一种定义。

经济发展是一个在技术上持续的结构变迁过程，伴随着产业升级，劳动生产率提高，以及硬件和软件基础设施降低交易成本。传统的发展援助如果能够在低收入国家政府的指导下，增加用于释放结构转型瓶颈的资源，例如改善经济特区的基础设施以及建设道路和港口，它就会在减少贫困和实现包容性的、可持续的发展方面是有效的。在这种方式下，通过促进具有潜在比较优势部门的增长，这些发展援助就能够快速启动动态的结构转型。

然而，在那些取得了切实进步的地方，我们看到的是对“华盛顿共识”或市场原教旨主义的背离。因此，对于位于华盛顿的各种国际组织来说，现在是“打开它们的厨房”来吸纳东方新思想的时候了。

关于国际援助及其有效性的近期辩论

国际援助的有效性是近年来发展经济学中最复杂、最具争议性的问题之一，对其的辩论最近又进一步升温。根据 OECD 的定义，官方发展援助（ODA）包括来源于官方（政府或多边机构）并旨在促进经济发展和福利而给予合格受援者的赠款和优惠贷款，其中受援者是由 OECD 的发展援助委员会（DAC）所认可的一系列发展中国家（Development Initiatives，2013，p. 317）。

从 20 世纪 60 年代起，已有超过 2 万亿美元的官方发展援助被提供，包括双边的和多边的援助，以及一部分非转移性援助（见图 3.1），但是其有效性始终饱受强烈质疑。[①] 尽管在 Boone（1996）和 Burnside and

① 非转移性援助是一种官方发展援助，这种官方发展援助不代表向一个发展中国家的一种新的资源转移。它包括债务减免、行政成本、在援助国内的学生成本及难民成本，以及对援助国银行的补贴。这一类别还包括其他任何在由援助国政府实体支出时被标记为援助者的 CRS（client recording system，客户端记录系统）记录。根据 Development Initiatives（2013），在 2011 年，1 000 亿美元中至少有 220 亿美元（137 亿英镑）加上由援助者所报告的双边官方发展援助从未转移到发展中国家。

Dollar(2000)颇具影响力的研究之后涌现出各种各样的实证研究，在传统援助对经济发展的效果方面仍然缺少一个基本的共识。

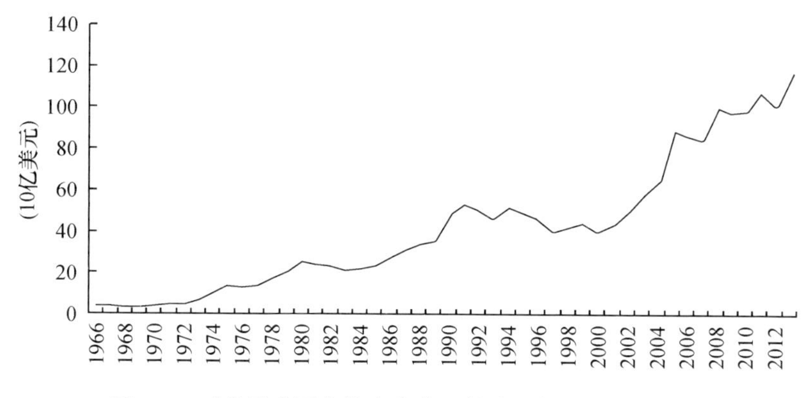

图 3.1　对发展中国家的官方发展援助总额(1966—2013)

资料来源：作者基于 World Bank AidFlow 数据，于 2015 年 10 月 30 日获取。

一派学者认为官方发展援助是无效的，因为它制造了依赖性、助长了腐败、鼓励货币高估并挤出私人投资(Easterly，2003，2006；Easterly et al.，2004，2006；Moyo，2009)。而在另一阵营，Sachs(2009)和Stiglitz (2002)认为援助量太低，大量增加援助数量可以真正帮助减少贫困。他们主张对怎样提供国际援助做出深刻反思。

由于实证研究得出的结果各不相同，迄今为止都没有形成一个共识。Rajan and Subramanian(2008)发现援助对经济增长没有显著影响，然而 Arndt，Jones，and Tarp(2010)得出了相反的结论："援助对长期经济增长具有统计上显著的正相关因果关系"(p. 1)。

Angus Deaton 在他 2013 年的著作《逃离不平等》(*The Great Escape*)中声称，对于援助有效性问题没有一个简单的答案，不过他后来认为对外援助“已经使得情况变得更糟，特别是在医疗保健方面。而且对外援助也破坏了当地政府能力的发展”。这在一些国家——主要是非洲——最为明显。那些国家的政府直接接受援助，并且援助的流向主要与财政支出相关（经常超过总支出的一半）。“这样的政府不对除了援助者之外的任何人负责。而援助机构所需支出的资金与贫困国家政府需要得到的一样多甚至更多。”因此，他建议设置一个财政收入的比例作为对外援助的最高限额，超过这个限额，援助就是无效的（Deaton，2013）。

Galiani et al.（2015）发现援助对经济增长的影响是显著为正的，援助促进增长的主要渠道是增加实物投资。这个结果与Akramov（2012）相一致，即经济援助，包括对生产性部门和经济基础设施的援助，通过增加国内投资来推动经济增长。然而，对社会部门的援助并没有显现出对人力资本和经济增长的显著影响。

Sebastian Edwards在一篇综合性的论文中从历史的视角回顾了国际援助的有效性，指明它是一个经济学中相对较新的概念，很大程度上受到在发展经济学中演进的新思潮的影响。他强调将援助项目的“所有权”归于受援国家是一种提高有效性的途径，并申明：“如果经济学界继续严重依赖于对横截面和面板数据的回归分析，那么将没有什么希望能在这些辩论中取得实质进展。为了向前推进并找出援助有效或无效的条件，当前的研究需要以深入的案例研究作为补充，即跟踪一个国家几十年的历史，关注政策的具体细节，理解当局与援助官员相关联的方式，专注于政治经济改革并仔细审视政治家、政策制定者和其他关键参与者的理念。只有这样，经济学界才能够理解对外援助的错综复杂及其有效性程度。”（Edwards，2014a，pp. 2—3）我们认同这一评价。

我们的这本书重点关注结构转型及其融资机制——超越发展援助和援助有效性。基于新结构经济学，从结构转型的角度，我们将最近关于发展援助和南南发展合作的历史分为五个时期，其中南南发展合作将援助、贸易与投资相结合来达到更广泛的发展目标。

20世纪50至70年代：大多数国家结构转型失败。“发展经济学1.0”和进口替代政策盛行，此时各国从事于结构主义所主张的违背比较优势（CAD）战略（见专栏2.1）。[①] 北方和南方的援助者支持大规模的资本密集型项目、大型农场及庞大的基础设施项目，但是这些资本密集型企业是不具有自生能力的，因为它们违背了比较优势。许多发展中国家都陷入了债务危机。

20世纪80至90年代：结构转型在部分国家有所进展，但对于其他国家却是迷失的十年。这个时期出现了很大的分化趋势，东亚和非洲采用了不同的发展战略。东亚的发展中国家向东亚新兴工业化经济体学习，即采用遵循比较优势（CAF）战略并发展劳动密集型产业。在该地区，援助者和受援者之间建立起了一个支持性的发展合作伙伴关系，各国完全掌控自己的改革议程。许多非洲国家依靠结构调整贷款艰难

① 这个时期与Edwards的计划时期相一致。

度日，忽视了结构转型，并被迫开放资本账户，结果经历了失去的十年。1991 年后，俄罗斯和其他前苏联国家遭受了“休克疗法”的冲击，它由“华盛顿共识”的倡导者所施加，使得这些国家的国民财富损失巨大。

2000—2008 年：南南发展合作的新动力。第一届中非合作论坛于 2000 年在北京举行，共有 42 位非洲领导者出席。在上海召开的关于加大减贫力度的全球会议上，世界银行行长詹姆斯 · 沃尔芬森宣布“华盛顿共识已经作古”。全球发展社会开始注意到中国及其他东亚经济体的增长与减贫奇迹。包括世界银行和国际货币基金组织在内的多边发展机构开始总结东亚的经验。中国、印度及其他新兴市场经济体成为越来越重要的贸易合作伙伴，同时也是其他发展中国家的援助与投资提供者。不过它们的许多项目还没有达到国际标准，难免会遭到批评。

2008—2014 年：向东方去寻找答案。随着全球金融危机及经济缓慢复苏，金砖国家成为全球经济增长的主要动力。由于西方经济复苏的疲软，发展中国家的政策制定者开始关注东方。林毅夫被任命为世界银行的首席经济学家，标志着中国的理念在世界范围内得到了关注。然而，主流经济学和市场原教旨主义依然在华盛顿的国际金融机构总部中盛行。南南合作的数量攀升迅速，从几百万美元上升到几十亿美元。尽管华盛顿的机构反应较为冷淡，但林毅夫提出的新结构经济学已开始在非洲国家扎根。许多经济特区和工业园区出现在了低工资的发展中国家，吸引了来自中国和印度的劳动密集型产业。

2015 年至今：“新多边主义”。在“新多边主义”的发展伊始，金砖国家建立了新开发银行(New Development Bank),57个成员国建立了亚洲基础设施投资银行(AIIB),当前已进入了一个由南方发展中国家主导的多边主义时代。对于受援国来说,一个可以选择多个发展合作伙伴(来自南方或北方)的时代已经来临。但是南南发展合作的理论基础尚不明确,需要重新反思发展理论和实践中缺失了什么。

哪种发展合作关系是有效的,哪种是无效的?

本章余下部分主要是基于两位作者与非洲政策制定者和援助国官员的讨论。[①] 自1960年起,OECD的发展援助委员会(DAC)国家向撒哈拉以南非洲提供了将近1万亿美元的官方发展援助(ODA)(见图3.2)。但是,这些援助是否有效呢?[②]

根据Deaton等人的研究,答案是否定的。Deaton阐明在撒哈拉以南非洲,“冷战结束之时,援助水平跌落,而经济增长加速;冷战的结束带走了援助非洲的一个主要理由,而非洲的经济增长却回升了”(Deaton,

---

① 两位作者一直都与非洲的政策制定者密切合作。林毅夫曾是世界银行的首席经济学家,到非洲考察三十多次,会见了多位首脑及最高政策制定者。王燕在2009—2011年间担任中国—发展援助委员会学习小组协调员,采访了多位中层政策制定者,参加了考察团和五个会议,其主题为发展伙伴关系、农业与减贫、基础设施投资与增长以及企业发展。她一直与来自非洲、中国、OECD-DAC援助国及其他多边机构的合作伙伴一起工作。

② 关于对非洲援助的综述,参见Quartey and Afful-Mensah(2015)。

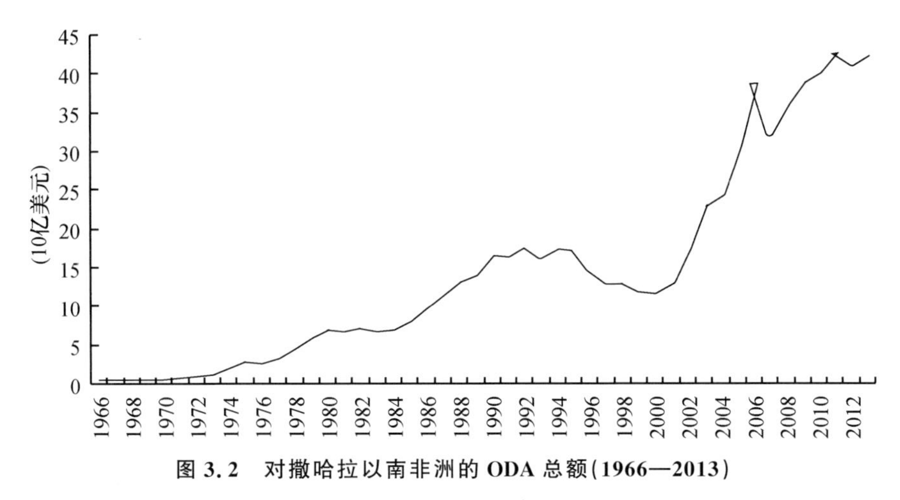

图 3.2 对撒哈拉以南非洲的 ODA 总额(1966—2013)

资料来源：作者基于 World Bank AidFlow 数据，于 2015 年 11 月 1 日获取。总额包括双边的和多边的援助，有部分比例的非转移性援助。

2013, p.285)。“许多援助者仍然坚持认为援助为贫穷的国家提供了它们在其他情况下无法负担的资本，因此给予了它们一个更好的未来。但是这与数据相矛盾，因为官方援助并不是像投资那样运作，而且考虑到许多穷国难以进入私人国际资本市场，整个想法就毫无意义了”(Deaton, 2013 p.289)。我们完全认同他的观点，即当前定义下的援助不如南南发展合作有效，后者将贸易、援助和投资结合了起来。

因此，在以下部分，我们同样认为传统援助是无效的，原因如下：

• 传统援助既不有效也不足以帮助发展中国家来解决其增长的瓶颈，因为主流经济学忽视了结构转型。发电就是一个例子。

• “华盛顿共识”和位于华盛顿的机构在资本账户自由化上给过许多错误的建议。

• 主流经济学过分受制于国际货币基金组织—世界银行的债务可持续性框架,而该框架需要改进。

• "有条件援助"不利于国家对发展的所有权。

• 中国作为受援国展示出一个良好的国家所有权模式,真正的合作伙伴关系在那里有效运转,标志着对"华盛顿共识"的背离。

传统援助不足以缓解基础设施瓶颈

基础设施长久以来被视作基本的公共品,应该由政府来提供。亚当·斯密在《国富论》第五篇第一章中概述了"政府的合理开支",包括"强制执行合同和提供司法系统,授予专利和版权,提供诸如基础设施等公共品,提供国防并监管银行"。政府有职责来提供具有"对任何个人来说利润永远不能弥补支出这样的物质"的物品,例如道路、桥梁、运河和港口。他还鼓励通过实施专利权和支持新生产业的垄断来激励发明和新想法。他支持给予初等教育部分公共补贴,并坚信宗教机构之间的竞争将为社会提供普遍的利益。但是在以下情形,斯密主张地方的而非中央的控制:"即使那些公共工程本质上不能创造足够的收益来自我维持……也最好是由地方或省级行政机构来管理,用地方或省级的税收来维护,而不是用国家的一般税收"(*Wealth of Nations*, V. i. d. 18)。

两个世纪之后，发展中世界在基础设施方面的巨大差距仍是结构转型最大的障碍。相关数字确实令人惊愕：

- 13多亿人（占世界人口的将近20%）无电可用。
- 7.68亿人不能享用清洁的水。
- 25亿人没有足够的卫生设备。
- 28亿人用固体燃料（例如木材）来烹饪。
- 10亿人生活在距全天候公路2公里以上的地方。

这种在新兴和发展中经济体中未被满足的基础设施需求估计每年超过1万亿美元（World Bank，2011b；GIF网站）。仅亚洲在2020年前估计就有8万亿美元的融资缺口（Asian Development Bank and ADBI，2009）。

在非洲，电力短缺是一个关键瓶颈。撒哈拉以南非洲（南非除外）的人均用电量仅为年均124千瓦时，几乎还不够每人每天用一盏灯6小时。频繁的停电与停水一样导致企业竞争力低下。

多年来我们所会见的非洲官员经常表达出失望，因为西方对其基础设施的援助支持非常欠缺，而这与主流经济学和当时盛行的"华盛顿共识"是不无关联的。主流经济学家往往主张小政府，而忽略了政府最重要的职能，即向私人部门提供公共品。以这些理论为基础，那么"援助者……在20世纪90年代忽视了电力部门"（Foster，2010，p.25）就不足为怪了。在官方发展援助（只有赠款和优惠贷款）这个狭窄的定义下，援助既不有效也不足以克服基础设施瓶颈。根据Neilson et al.（2009，

p. 17)：

在 1973—1990 年间，平均 29.5%的 DAC 双边发展援助由基础设施援助构成。然而从 1991 年起，基础设施援助相比其他部门则下降了很多。截至 2002 年，基础设施融资总额下降到了每年 8.3%。自 2002 年以来，每年的基础设施援助在 DAC 的双边援助中只占到 9.8%。

根据我们的计算，在对撒哈拉以南非洲的官方发展援助中，基础设施所占份额在新千年之初下降了，从 2002 年的接近 8%下降到了 2006 年的 3%，但是在 2007—2008 年稍有上升趋势(除了 2006 年)，这归因于债务减免的努力(见图 3.3)。

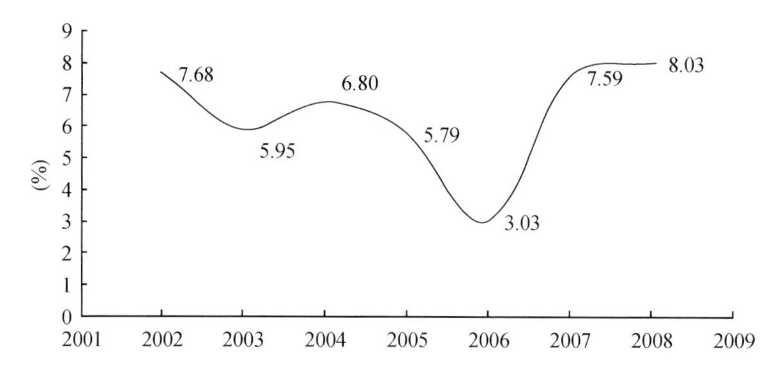

图 3.3　基础设施占对撒哈拉以南非洲的官方发展援助的份额(2002—2008)

资料来源：王燕的计算基于一个广义的概念，包括所有多边和双边机构投向社会和经济基础设施的官方发展援助。援助数据来源于 OECD-DAC 数据库。

在 2005 年的格伦伊格尔斯峰会之后，OECD 的发展援助更加强调了对非洲基础设施的支持。官方发展援助流入几乎翻倍，从2004年的41亿美元上升到2007年的81亿美元。对撒哈拉以南非洲基础设施的私人投资流入几乎增长两倍，从1997年的30亿美元增长到2006—2007年的94亿美元。此外，非OECD成员，尤其是中国和印度，开始扮演越来越重要的角色——它们的承诺从较低的水平上升到了2001—2006年间每年为非洲基础设施融资26亿美元（Foster and Briceno-Garmendia，2010）。

2001—2010年间，中国成长为非洲基础设施的最大融资者，占到融资总额的34％（Chen，2013；Baker and McKenzie，2015）。其中超过50％的基础设施投资用于发电和输电（见第5章及其附录）。

在融资机制的种类方面——援助还是投资——OECD成员认识到了官方发展援助的不足，它们的经验指明了混合融资的方向，即把援助与投资相结合。特别地，欧盟—非洲在基础设施方面的合作伙伴关系建立于2007年，在三个层次上运行，大陆的、区域的和国家的，并且在计划和实施欧盟—非洲联合战略中发挥了关键作用。它为基础设施融资并支持监管框架来促进贸易和服务。基础设施信托基金（Infrastructure Trust Fund）是欧洲发展机构之间一个创新的合作实例，合作者包括双边机构、欧盟委员会、欧盟成员国和欧洲投资银行（European Investment Bank，EIB），旨在促进非洲区域性基础设施项目的融资。基金组织于2006年开始通过一个混合机制对基础设施项目的融资予以补贴，即把来自援助者的赠款与来自出资者的长期投资融资相混合。根据

2009年度报告:“这种混合融资的实践对投资起到了催化作用,减少了发起者与出资者所承担的风险,并且提供了一个对考虑那些对发展具有显著影响但金融收益较低的投资的激励,否则这样的投资是难以设想的。”合格的项目必须基于非洲的优先事项,并且是跨国界项目或者国家项目,能够对两个或多个国家产生区域性影响。[①]

“华盛顿共识”对资本账户自由化的影响

自20世纪90年代起,许多转型经济体和发展中国家都遭受了“华盛顿共识”所带来的负面影响。在世界其他地区的多数发展中国家也听从了国际货币基金组织和世界银行的建议,实施了减少政府干预和增强市场作用的改革。然而结果依然令人失望。大多数发展中国家的经济表现在这一时期继续恶化(Barro,1998)。Easterly (2001)称80至90年代为发展中国家“失去的二十年”。

国际货币基金组织的独立评估办公室(IEO)承认国际货币基金组织在亚洲金融危机期间犯下了错误(IEO,2015, p. 1):

> 机构的观点承认,完全的资本账户自由化可能并不是在任何

① AFD Case Study; EIB. 2009. EU-Africa Infrastructure Trust Fund Annual Report 2009.

时候对任何国家都适当的目标，在某些特定情形下，资本流动管制措施应当在宏观经济政策工具中占有一席之地。国际货币基金组织已经做了很多工作来试图改变其作为资本自由流动主义教条式支持者的公众形象。

2012 年 11 月 14 日，国际货币基金组织总裁克里斯蒂娜 · 拉加德在马来西亚吉隆坡声称：

> 虽然资本流动可以带来巨大的好处，但它们也可通过破坏性的上升和崩溃周期来压倒国家……经济上的管理是关键。如果资本流来自银行系统，那么宏观审慎工具则有意义——例如收紧住房贷款条件或者要求银行持有更多资本。在其他情况下，暂时的资本控制或许能够被证明是有益的。我应该指出，马来西亚曾在这个领域处于领先地位。

为什么在布雷顿森林体系崩溃后，资本账户自由化成为以美国为首的发达国家和国际货币基金组织所重点提倡的政策？

在一篇近期的论文中林毅夫讲到："作为储备货币的主要发行国，美国是其他国家资本自由化的首要受益者。在布雷顿森林体系崩溃后，美联储开始采取通胀目标政策（inflation targeting policy）。这意味着当资本外流而美元不再和黄金挂钩时，美联储可以发行更多货币以避免通货紧缩和保持经济稳定。结果就是美国放松了对资本外流的控制。在这种情况下，因为投资银行家可以参与到海外套利当中，华尔街成为资本自由化最积极的推动者。

华尔街的投资银行家甚至推动金融自由化、减少监管，并允许高杠杆操作。换句话说，通过增加金融机构创造货币的能力，使其能够增加套利资本与利润。结果，在20世纪70年代后，华尔街的金融部门成为美国扩张最快的部门，获取了最多的利润。在2007年金融危机爆发之前，华尔街的投资银行和金融机构只雇用少量的人员，然而就是这少数人却占有了整个美国经济所创造出的净利润的40%。2008年，金融危机之后，我们看到了美国99%的人对金融部门中前1%的人提出抗议的社会运动。布雷顿森林体系崩溃之后，华尔街一直以来都是资本账户自由化的最大受益者。"（Lin，2015b）

根据林毅夫作为世界银行首席经济学家的经验来判断，国际货币基金组织和其他国际发展机构一直都在跟从美国财政部的领导，从资本账户控制的倡导者转变为资本账户自由化的教条式支持者。林毅夫在《从西潮到东风》（*Against the Consensus*）一书中讨论了上述的过程和机制（Lin，2013）。

美国学术界提出的理论——资本账户自由化有利于发展中国家的资本配置与经济增长——假设资本是同质的。也就是说，金融资本和真实资本没有区别。在这样的一个理论模型中，货币错配甚至期限错配是不存在的。而当储备货币发行国可以使用虚拟货币资本来换取非储备货币发行国的实际产品与服务时，利益不对称也是不存在的。发达国家和发展中国家在产业和技术结构方面也没有差异，唯一的区别仅在于资本禀赋。在这样的理论下，资本账户自由化只对资本稀缺的发展中国家有益。以这些理论为武装，华尔街和国际金融组织在推动发展中国家的资本账户自由化中就占领了一个“道德高地”。

总之，20世纪70年代布雷顿森林体系的崩溃，以及由华尔街、美国学术界和国际货币基金组织所推动的资本账户自由化所造成的整体结果就是，发展中国家出现了更大的经济波动和更频繁的危机（Lin，2015a，2015b）。

公共投资和债务可持续性问题

传统援助的另一个问题与债务的可持续性相关。IEO（2007）承认自己面临着以下批评，“通过过度保守的宏观经济项目，国际货币基金组织支持的项目阻断了撒哈拉以南非洲对可得援助的利用”，以及“国际货币基金组织支持的项目在减少贫困和解决收入分配问题上作为甚少，尽管机构的说辞与此相反”（IEO，2007，p. 1）。对此它给出了一个站不住脚的结论，即“减贫与增长基金”（Poverty Reduction and Growth Facility，PRGF）所支持的宏观经济政策一般只适用于增量援助在特定国家的使用，这些国家近期的政策导致了高储备存量和低通货膨胀；而在其他国家，额外的援助则被计划留存，以增加储备或者偿还国内债务。它还指出“国际货币基金组织在援助与减少贫困方面的交流造成了一个外部印象，即该组织承诺在援助调集与减贫分析方面做出更多努力”(p. 2)。但是看到它错过了众多减少贫困的机会，这个辩护是十分无力的。

面对越来越多的国际资金流入非洲，当前理论框架中的一些要素可能已过时。例如，国际货币基金组织—世界银行的债务可持续性框架(DSF)可能会过分制约低收入国家，因为其没有考虑到巨额的基础设施投资对于长期发展的动态影响。在我们看来，DSF未能将投资支出与消费支出区别开来，并且所考虑的时间范围不够长，以至于大型基础设施投资所带来的变革性影响没有被纳入到债务可持续性的计算当中。国际货币基金组织自己也承认“一个针对DSF的经常性批评是，它没有充分吸纳由债务融资的公共投资所带来的收益……一些人认为由于低收入国家的DSF未能充分考虑公共投资可能产生的资产和未来收入，从而造成了过度悲观的风险评估，这在限制了低收入国家的借款数额的同时，也打击了潜在投资者的信心”(IMF，2012，p. 29)。

部分研究考察了“替代的财政规则”，让国家考虑到公共基础设施投资的长期影响，区分流动性不足与破产，从而减少反投资偏误(anti-investment bias)。

- 一个选择就是“黄金法则”，它能预防政府在经常账户上出现赤字，但允许其借款来为(净)投资融资——也就是说，通过借款来创造资产。这种将经常项目与资本预算相分离的观点并不新鲜，但是在最近几年才又重新被提起(Blanchard and Giavazzi，2004；H. M. Treasury，2002，2004；Servén，2007)。

• 另一个克服了黄金法则局限性的替代方式是“永久平衡法则”，它是一个跨时期预算约束的直接应用。这个规则与永久收入假说下的消费者行为相类似，它让政府在其收入暂时较低或者当前的投资机会大于未来的时候进行短期借款。这个规则确保了政府的偿付能力，为生产性支出提供了一个合适的对策，并且避免了税收变化。此外，它还考虑到初始条件对于债务累积限度的影响。从概念上讲，这个规则符合所有针对简单性和透明度的要求。

• 一种设定公共部门资产净值目标更直接的方式是通过“净值财政规则”，它将通过设定支出和融资决策来获得一条理想的净资产轨迹。净值指标与目标已在新西兰财政管理的核心原则当中占有重要地位，也在《欧洲稳定公约》(European Stability Pact)的一些改革建议中表现突出(Servén，2007，p. 24)。

根据 Servén(2007)：“使用短期现金流来衡量公共财政力量的传统实践在几个方面都有所不足。它相当于将本质上是跨时期问题的偿付能力等同于作为短期概念的流动性。这种做法往往会在财政纪律中引入反投资偏误，而这种反投资偏误实际上是对未来增长不利的，并且伴随着对公共财政自身的潜在不利影响。”(p. 25)

一种不同的方式

关于在债务可持续性分析中，重点关注一国资产净值的长期动态而非短期流动性问题，中国在厄瓜多尔的模式提供了一个很好的例子

(见专栏 3.1)。许多发展中国家具有价值被低估了的资源和土地,它们正面临流动性问题和外汇约束,但并没有破产。它们可以利用价值被低估的资产作为抵押品来很好地吸纳非优惠贷款来进行投资——例如修建水电站和缓解电力瓶颈。长期来看,这些项目能够推动经济增长和创造就业(就像加纳的布维水电站那样;见专栏 8.3)。

然而问题产生了:这些(被低估的)资产应该被如何以及以哪种货币来进行估值?按照购买力平价(PPP)或者特别提款权?抑或是另一种方法?如果人们能够跳出条条框框,以多种方式去思考,一个国家的发展前景将会更加光明。DSF 侧重于“一个国家没有的”(外汇)而不是“这个国家所拥有的”((未被发掘的)自然资源和(潜在的)比较优势)。因此,DSF 存在一种反投资偏误,它限制了长期的经济增长。

专栏 3.1

中国帮助厄瓜多尔重新进入国际金融市场

中国近来已成为厄瓜多尔最重要的债权国,并且帮助厄瓜多尔度过了一个金融市场进入机会受限的漫长时期。在 2008 年,厄瓜多尔对两笔总额为 32 亿美元的未偿还债券违约。这两只债券的总额不足公共外债的一半,并且只占到其 GDP 的 6%(IMF,2014)。尽管如此,这样的债务违约是反常的,因为政府并没有提到财政困难,而只是提及了债务本身的违规行为。许多国际分析师都反对这种违约,穆迪(Moody)将厄瓜多尔的债券信用评级下调至Caa3,厄瓜多尔丧失了向其传统的西方债权国获得借款的渠道。而这向中国的领导者与投资者暗示了一个机会,尤其是当厄瓜多尔无法以其他方式筹集资金时,他们可以通过以石油作为抵押的贷款来实现初级产品的经济来源多元化。中国的创新安排涉及预售原油,为厄瓜多尔预先提供了急需的资金。

中国在2013年厄瓜多尔的公共外债总额中占到三分之一以上的份额。它还与厄瓜多尔签署了原油协议,中国将对原油供应提前付款,给予双方在其贸易中的可预测性。

大多数来自中国的贷款都用于水力发电和开采部门,帮助政府向如下目标迈进:截至2021年,由水力发电来生产其总能源的93.5%。但是这些贷款也附加着使用中国的设备与承包商等条件。

穆迪特别提到了厄瓜多尔从中国获得融资的能力是其在2012年将厄瓜多尔的债券信用评级上调至Caa1的一个原因。2014年,厄瓜多尔再次进入国际金融市场,发行了自其部分违约以来的首只传统公共债券。中国在厄瓜多尔公共外债中的占比在2014年有所下降。由此可见,厄瓜多尔在2014年时已不再单纯依赖中国来获取外部融资。

资料来源:Ray and Chimienti(2015);Gallagher and Myers(2014)。

国家所有权是发展有效性的关键

为了实现发展有效性,发展援助或者合作计划必须由发展中国家(按捐助术语)“所有”(owned)。一个来自成功新兴市场经济体——例如巴西、中国及印度——的重要经验就是这些发展中国家总是掌控着自己的改革与发展议程。特别是,中国的领导人坚定地认为“援助者没有完整的信息来治理受援国家”,所以他们坚持要求捐助项目必须做出适应性调整来“因地制宜”(专栏 3.2)。

专栏3.2

国家所有权:援助者在坦桑尼亚的参与

自 20 世纪 60 年代以来,坦桑尼亚与其发展伙伴的关系就一直阴晴不定。Edwards (2014b)描述了坦桑尼亚前总统朱丽叶斯·尼雷尔就 1979 年开始的汇率贬值与国际货币基金组织的交锋——造成了一个长达七年的僵局,导致尼雷尔退出竞选。到了 90 年代,这种行动给政府增加了极大的负担,因为其面对着大量的发展合作伙伴和正在进行的项目,相应地需要提交给发展伙伴约 2 400 份季报和超过 1 000 项的年度发展伙伴任务。出于对治理和公共财政管理的担忧,政府与发展伙伴之间的关系在90年代真正开始陷入分裂，许多发展伙伴，包括国际货币基金组织和世界银行，都暂停了对该国的援助（Furukawa，2014）。

这场“援助危机”导致了坦桑尼亚采纳了《赫莱纳报告》（Helleiner Report）中的建议，并且制定了坦桑尼亚援助战略（Tanzania Assistance Strategy），将其带入了一个援助改革的时期。主要原则包括“国家所有权”，即发展中国家掌控援助和改革议程，并为政府制定政策提供空间。例如，在2003年，坦桑尼亚引入了一种每年4月至8月不受理援助任务的“年度暂停”季节，以便政府能够在此期间专注于预算（Roodman，2007）。

资料来源：Custer et al.（2015，p. 25）。

在我们所有的讨论中，非洲政策制定者都强调，非洲领导对于在非洲建立一个有效的发展合作伙伴关系是关键性的。为了能使非洲国家更完全地坐稳“司机”的位置，就像曾经的中国那样，它们需要更有力的所有权与问责制。为了实现这一点，非洲人民需要发展其人力与制度能力来定义和领导他们自己的发展过程，其中至关重要的就是要放弃“有条件援助”。这是华盛顿的国际机构花费许多年所换得的教训。

> 在20世纪80年代末和90年代初期间，国际货币基金组织在定义总体援助政策方面扮演了一个愈发重要的角色。其他多边机构发放自己的款项都需要它的批准印章。基金组织的条件是颇有争议的，因为它大多集中在贬值、取消补贴以及对国企的控制方面。（Edwards，2014a，p. 26）

这种类型的“有条件援助”关系受制于“一个双重委托—代理问题”，那些与项目成功最为利益攸关的人们——贫困国家的受援者和援助国家的纳税人——远没有参与到决策过程并且几乎得不到任何信息。“当委托—代理问题很严重时，援助国与受援国的官员倾向于‘俘获’援助组织，并根据自身利益、价值观与目标来执行项目。”（Easterly，2003）

Jakob Svensson（2003）报告了一些受援国所出现的奇怪行为：

> 在过去的几年中，肯尼亚与其捐赠者进行了一种奇特的配对仪式。步骤如下：第一步，肯尼亚赢得其年度的外国援助承诺。第二步，政府开始行为不端，从经济改革倒退，并以独裁的方式行事。第三步，恼怒的外国政府准备对其进行强烈谴责，一个新的援助国会议在积极酝酿当中。第四步，肯尼亚拿出了一个息事宁人的绝招。第五，援助者平静下来，援助仍得到承诺。然后这整个过程又重复开演。（*The Economist*，August 19，1995）

Svensson 提出了事后激励，让援助者来奖励好的政策。“援助者并不是事先给每个受援者承诺一个固定数额的援助，且使援助以改革或者结果为条件，而是向一组国家承诺一个总金额，但实际支付给每个国家的数额将取决于其相对表现。”（p. 398）这种方法提高了事后提供援助的机会成本，受援者之间的竞争使得援助者能够对普通的冲击做出推断，否则受援者会隐瞒他们的行动选择。这使得援助者能更有效地给予援助（Svensson，2003）。

在我们看来，国际援助必须在一国包括贸易与投资在内的自身发展战略的背景下使用。该国必须能够控制自己的改革议程——就像中国所做的那样，我们将会在下文详细讨论——并且必须与发展伙伴保持平等地位；双方都能选择说“不”。因此，受援者必须有可替代的资金来运用，无论是来自财政收入还是其他援助者和投资者，例如新兴的南方发展合作伙伴。

中国作为受援者：一个成功的平等伙伴关系

作为援助的接受者，中国以过去作为前车之鉴，在其发展中坚持以自力更生为主要原则。从1960年到1978年的这18年中，中国没有国内或国外债务。但是在1979年，为了得到发展援助（和后来的共同学习——见本章最后“中国与世界银行：一种基于共同学习的合作伙伴关系”），中国开始接触诸如联合国开发计划署（United Nations Development Programme，UNDP）和世界银行这样的国际组织。指导思想是邓小平对世界银行行长罗伯特·麦克纳马拉所说的：“无论有没有外国的发展援助，中国都可以发展，但是有了外国援助中国可以发展得更快。”（MOF and World Bank，2010，p. 7；Bottelier，2006）

在过去的37年里，中国在其结构转型以及与援助机构的伙伴关系中采用了一种学习和实验的方式。在最近的几年里，中国对政策建议与知识的重视超过了资本。根据商务部的康炳建处长所说："中国从外国援助中所取得的最重要的收获就在于新观点的引入、思想的开放和知识的传播。"[①]根据中国社会科学院的周弘所长所说，在中国工作的国际发展合作伙伴被认为是"在中国的发展中扮演了不可替代的角色"的老师[②](Zhou et al.,2015)。专栏 3.3 与 3.4 列举了两个经验。

专栏 3.3

中国作为受援者：学习中的发展与转型

中国作为受援国的行为影响了其作为援助与发展合作提供者的表现。中国的政策制定者和实践者非常理解发展与转型过程中所具有的不确定性，以及需要采取适合本国具体情况的实用主义方式。

作为一个受援国，中国于援助者之间的关系遵循着一种务实的所有权模式，即在一个学习、选择性适应及创新的过程中，发展中国家掌控着自身的发展议程——从简单的"本土"、局部制度改革开始，例如农村地区的家庭联产承保责任制改革和城市地区的经济特区，然后再发展现代制度，例如与世界贸易组织规则相一致的贸易与投资法规。所有学习者都处于平等的地位来挑选其最感兴趣的合作伙伴，这些合作

① 由王燕于 2009 年进行采访。
② 同上。

伙伴具有适当的知识或比较优势，从而能够以与新结构经济学完全一致的方式来提供经验，实现“雁阵模式”下的学习。

中国的发展模式是基于实用主义、学习与试验的。中国领导人很好地理解了发展过程中的不确定性，坚定地认为“没有人会比我们自己更了解我们的国家”——并且认为外国的援助者与合作伙伴不具有完全信息来“治理这个国家”，坚持外国援助必须“因地制宜”——在早期与世界银行及日本国际合作机构的交往中都体现了这些原则。[①]

资料来源：Wang(2011a)。

专栏3.4

中国作为受援者：将援助与投资相结合

根据OECD-DAC的定义及OECD的统计数据，在1979—2007年间，对华官方发展援助(ODA)净支出总额(赠款加上贷款减去贷款偿还)为490亿美元。其中，205亿美元是赠款，285亿美元是(净)贷款。在80年代末期和90年代初期出现了对华ODA的一个陡然上升，之后在90年代后半段出现下降，而在20世纪头几年再次(较为平缓地)上升(见下图)。

① 不对称信息在发展援助与合作领域是普遍存在的。这方面的例子包括委托—代理问题以及断裂的反馈回路。更多细节参见Martens et al.(2002)，Svensson(2003)，Stiglitz(1989)等。

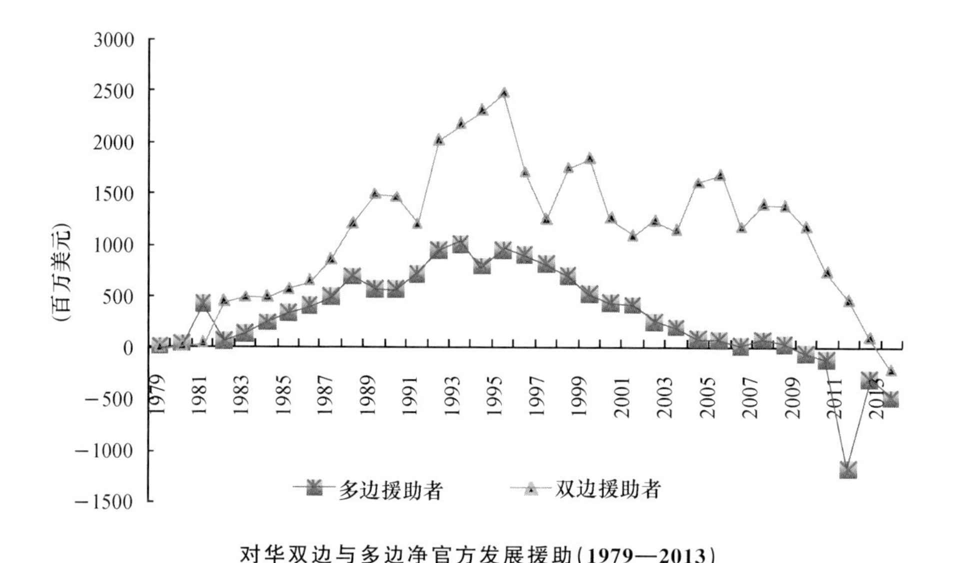

对华双边与多边净官方发展援助(1979—2013)

注:如果贷款偿还多于新的ODA,净ODA就可为一个负数。

资料来源:根据OECD/DAC数据编制,排除了那些优惠性不足、没有资格被计为ODA的数额。

对华官方援助在任一年份都从未超过GDP的1%。由国家定义的穷人人均所接受的官方发展援助一直非常少,在2000—2011年为15到20美元,尽管随着穷人的数量在2009年下降到了1.571亿,这个数字在上升。现在很大比例的官方发展援助都是非转移性援助的形式(Development Initiatives,2013)。

根据由中国国家发改委汇编的统计数据,在1979—2005年间,对中国的双边与多边贷款支出(其中一些因优惠性不够没有被计作ODA)总额为830亿美元。迄今为止,最大的对华双边援助者是日本,共有200亿美元贷款和超过60亿美元的赠款(因定义不同与OECD数据有所出入)。第二大的援助者是德国,1985—2007年间共有42亿美元的贷款和34亿美元的赠款。其他援助者包括许多OECD成员,以及沙特阿拉伯、科威特和俄罗斯(国家发改委,2009)。

这些投资的一半以上用于交通运输与能源。确实,对于亚洲开发银行和日本而言,大约三分之二的贷款是针对这些部门的。据商务部的统计,在2009年以前的30年间,赠款资金总额不超过66亿美元,主要用于教育、环境、农村发展与减贫、健康、公共政策以及制度改革(商务部,2009, p.8)。

在过去的三十多年,对华官方发展援助的分配从“硬件”转向了“软件”,从东部转向了西部,以及从赠款转向了贷款。合作伙伴也发生了变化,从依赖于“政府对政府”的模式转变为“多对多”的模式,其中私人部门和非政府组织的重要性尤为显著。例如,美国国际开发署(USAID)主要与私人部门和非政府组织合作。

除了官方发展援助,中国也从用于基础设施的大量外国贷款(优惠与非优惠商业贷款)当中获益,这些贷款总额达到1420亿美元,占到1979—2005年间国际贷款(2520亿美元)的56%。在能源部门,中国于1979年开始为原油、煤、电力和天然气子部门借款,总额达到600亿美元。对于电力,65%以上的贷款出自国际商业来源。对于石油和天然气,53%的贷款来源于日本进出口银行,40%以上为国际商业贷款(国家发改委,2009;Kitano,2004)。

资料来源:基于国家发改委(2009)和Gransow and Zhou(2009)。

中国的改革议程本质上是由赶超工业化经济体的强烈愿望和达到邓小平制定的发展目标所内在决定的。中国拒绝盲目接受“华盛顿共识”,而是坚持“实践出真知”。改革的目标是,通过实验的方法建立一个“具有中国特色的社会主义市场经济”。这种意识形态上的独立性确立了中国在自身发展议程上的主导地位与发言权。作为一个面临着巨大不确定性的转型经济,中国发展出了自己的一条转型道路,完成了从计划经济到市场经济的转型。虽然最终模式可能类似于先进工业化国家的市场经济,从中国人的角度来看,这条独特的路径使得国家保持了社会稳定性与国家安全——经济发展的先决条件——同时为国外援助与直接投资建立起自信和一个良好的投资氛围。

中国的改革从相对简单的变革起步,依靠本土的地方化制度,例如农村地区的家庭联产承包责任制改革和城市地区的经济特区;更复杂的改革则起步相对较晚:财政改革开始于 1994 年,而金融改革开始于 2000 年(见图 3.4)。[①]

“摸着石头过河”是中国经济改革的标志。如同在所有这五个策略中所反映的,这种增量的、“干中学”的、务实和创新的方式也有助于企业和机构做出调整以及新生企业的发展壮大,从而使得私人部门能够超过国有部门。

---

① 参见 Lin(1992,2012a)和 Lin et al.(1996)。

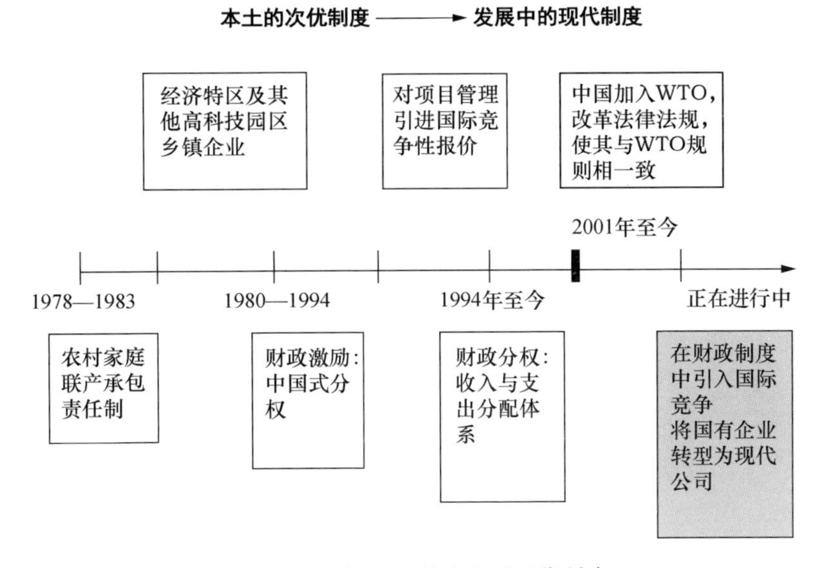

图3.4　制度发展：从本土到现代制度

资料来源：Lin and Wang(2008)，基于Wang(2005)。

中国基础广泛的增长和发展可归因于三个主要因素：旨在推动发展的有力领导与承诺；对试点的偏好，包括试行和推广本土、本地的次优制度；以及一个开放的学习精神，首先实地学习地方的独创设计与创新观念，然后在全国范围内集体向发展合作伙伴与国外投资者学习。

中国的改革发展过程仍然任重而道远。几位官员表明，中国之所以成功是因为它是一个好学生，但是要应对当前的挑战，中国的学习之路还很漫长。

策略与原则

在接受与管理官方发展援助方面，中国一直坚持自力更生的原则："利用他人的经验来实现自己的目标。"中国的领导者坚信外国援助者不具有充分的信息来治理这个国家。政府从未接受过世界银行的结构调整贷款，也从未在国际货币基金组织的备用信贷安排（stand-by arrangement）或者弹性信贷额度下进行借款，因为这些工具都承载着条件。正如1993—1997年世界银行驻华首席代表鲍泰利（Pieter Bottelier）所说：

> 唯一最重要的一点就是中国人一直都是自己在掌控改革的议程，总是"坐在司机的位置"。世界银行与多数非洲国家的关系则完全不同……中国很聪明地利用了类似世界银行这样的机构来实现其发展目标，总是确保自己，而不是外部伙伴"坐在司机的位置"。（于2015年6月采访）

对于任何官方发展援助项目，政府都是发起者、信息提供者、共同融资者、担保者、谈判者与实施者（周弘，中国社会科学院）。在许多谈判中，中国政府都坚持一个原则，即国外建议与技术必须因地制宜。多年来，中国与国外援助者成为平等的合作伙伴，在谈判中"双方都拥有否决权"（Nicholas Hope，前世界银行中国项目主任）。在一个在谈项目被一个双边或多边援助者拒绝的情形下，中国政府则寻找替代的财政资源。[①] 这种对发展议程的强势领导力与所有权可能会被一些非洲国家所欣赏。

利用官方发展援助促进整体发展——与国家的五年发展规划相一致

对外援助项目与工程在初次磋商中就已被融入到中国自己的发展规划及实施中。从改革的最初阶段开始，中国就建立了一系列制度来管理对外援助。

为学习与能力发展建立制度

中国有两组平行的制度：有着几千年历史的政府行政体系，以及中国共产党体系。它们都通过中央、省级和地方层级来运行。提拔是基于精英体制，竞争非常激烈。[②] 中国已建立了相关制度来增强人员的执行能力：新的部门和中心在国家发改委、商务部、财政部及国务院扶贫办成立，专门从事国际项目管理。项目实施单位——中国的项目管理办

---

① 例如，关于青海反贫困项目，在藏独集团示威以及世界银行的长期调查之后，朱镕基总理在2000年决定撤回向世界银行融资实施该项目的申请，转而使用中国的财政预算。参见 Bottelier(2001)。

② 更多细节参见 Lieberthal(2003)。在本书中，我们仅重点关注与发展中国家相关的制度。

公室——和项目经理已化解了援助者与客户之间大部分的误解。许多项目管理办公室的官员通过项目实施向国际组织学习，之后被提升为项目经理，服务于中国融资的海外项目（Wang，2010）。

共同融资机制与问责制度

对于每一个发展项目，政府都提供了共同融资，虽然比例各不相同，且由不同层级的政府来完成。近些年来，大多数项目提案都来自省级政府，其承诺提供共同融资并为贷款偿还负责。然后中央政府先根据三个标准与国家优先事项来批准项目，再将细节发送给援助机构。这一机制强调了省级政府对项目的所有权及承诺，并使其对项目的实施、评估、偿还及跟踪都负有责任。如果项目实施良好，那么省级官员能够得到提拔；但如果当地经济增长下滑，或者被发现有贪污受贿行为，则会被降职或处罚。这个机制也明确指定了一个特定层级的政府（或部门）对管理与维护某项目负责（李小云等，2013）。

对在华官方发展援助的一个简短评价

官方发展援助在中国的增长与减贫中起到了催化的作用。中国人民对此表示感激，因为它为新的理念、方法、知识及经验打开了窗口，也促进了制度改革，否则这种改革可能会被利益集团所阻止。

一个故事很好地说明了这一点。根据鲍泰利：

> 中国曾欢迎世界银行旨在提高发展业绩的附加条件……世界银行在上海支持的重大项目之一是废水处理系统的现代化。当时上海几乎没有任何能力来处理废水，大部分废水都直接排入了黄浦江或者苏州河。在上海及中国其他城市建立一个新的水务局就是世界银行提出的条件。它必须设定收费标准（水价）来创造自身的收益流并为自己的支出（从维护到新投资）来融资。在某些时候，上海政府不愿意提高水价，违反了条件，项目处在被暂停的边缘。财政部建议我要态度“强硬”，我与当时上海市市长的顾问进行了交谈。在一两天后，他们确实提高了水价，项目也得以继续进行。这一事件实际上帮助了中国的价格改革。[①]

然而学习既不是免费的，也不是轻松的。中国已为学习支付了“学费”——通过建立制度，为国外投资企业和跨国公司提供有利可图的机会，以及接受诸如“捆绑式援助”（tied aid）之类的条件——在80年代到90年代早期，一半以上的对华双边援助都采取了这种方式（国家发改委，2009）。

即便如此，中国仍然从早期发展阶段的捆绑式援助中学到了很多，比如“成套项目”提供了急需的资本、先进的技术及隐性知识。中国从捆

① 王燕对鲍泰利的采访，2015年6月。

绑式援助的技术合作中还学到了具体的知识、管理技能、技术及系统。通过发展项目和培训项目管理官员，官方发展援助也有助于培训和能力建设——知识传递真正体现在了越来越多的中国对外援助发展工作的骨干当中，他们都曾在援华项目实施单位中被培训为项目经理（Wang，2010）。

中国与世界银行：一种基于共同学习的合作伙伴关系

在最理想的情况下，发展中国家与国际及双边发展机构之间的关系是一个在学习过程中的伙伴关系，它建立在平等的基础之上。学习往往是一个双向街道，比如世界银行向客户国学习，同时客户国也向世界银行学习（Wang，2005，p.73）。

世界银行第一个到中国的官方代表团是在1980年4月由时任主席麦克纳马拉所带领的，目的是讨论北京的要求。邓小平接待了这个代表团并讲到："我们非常贫穷。我们与世界失去了联系。我们需要世界银行帮助我们来追赶。没有你们，我们也可以做；但有你们的帮助，我们能够做得更快更好。"几周后，世界银行的理事会批准了北京方面的要求：麦克纳马拉看到了一个历史性机遇，但也意识到帮助中国调整其发展模式将会为世界银行带来巨大的、前所未有的挑战。

中国与世界银行的关系立刻变得广泛而深入：在90年代初期，项目还未开始逐渐缩减之前，中国成为世界银行最大的借款者，也是最大的技术援助接受者之一。在1980—2010年间，世界银行向中国总共贷款478亿美元，其中45%用于能源与交通运输基础设施。[①] 自然而然地，这种关系的性质随时间发生了变化。在1999年，中国丧失了进入世界银行软贷款窗口的机会（通过国际开发协会）。从90年代末期开始，中国对世界银行的依赖主要是在发展中的选择性技术、制度和概念创新等方面（Bottelier，2006）。

中国的快速增长和贫困减少使其成为全球知识的一个良好来源。[②] 世界银行行长詹姆斯·沃尔芬森在2003年发起了一个关于"加大减贫力度"（Scaling Up Poverty Reduction）的长达一年的学习过程来总结和传播中国的经验。例如，在"黄土高原水土流失治理项目"（Loess Plateau Watershed Rehabilitation Project）当中，世界银行的项目经理从当地居民那里学习了放牧禁令的效用。该项目在减贫和环境修复方面取得了相当有利和积极的成果，中国政府还对项目经理给予了一项奖励。在世界银行的"西南扶贫项目"（Southwest Poverty Reduction Project）当中，广西的地方政府起初有一个"瞄准贫困县"的方法，但世界银行的团队说服其采纳"家庭参与"的方式。一个促进劳动力流动的做法稍后被加入了项目设计，因为从调查问卷中可以看到当地贫困人口的需求，他们想要为自己的子女在沿海地区找到工作机会。这种促进劳动

---

① MoF and World Bank. 2010. "30th Anniversary of the China and World Bank Cooperation," p. 46.

② 关于中国在减贫方面的成就，参见Ravallion and Chen（2007）。

力流动的方法被证明对在边远和内陆地区减少贫困非常有效，它随后就被推广到全国范围内的各种扶贫项目当中。

小结

在全球金融危机爆发及随后长期低迷的近八年之后，所有经济学家，包括那些任职于华盛顿的国际机构的经济学家，都需要有一个更为谦逊的态度。国际货币基金组织的前首席经济学家及研究主管布兰查德（Olivier Blanchard）树立了一个良好榜样。他公开质疑了几十年来给予低收入和中等收入发展中国家的政策建议的针对性（Blanchard et al.，2010，p. 199）：

> 对于宏观经济学家与政策制定者而言，存在一个很大的诱惑，即把自80年代早期开始的周期性波动的稳定下降都归功于自己，并得出我们知道如何实施宏观经济政策的结论。我们没有抵制住诱惑。危机显然迫使我们不得不质疑我们早先的评估。

在2008年全球危机之前，国际货币基金组织及其他“主流”经济学家给出的建议经常导致对误导性经济政策的采用与实施，在工业化国家和发展中国家都造成了沉重的金融、经济、社会与人力成本。这些政策包括在诸如基础设施与经济特区等促进结构转型的公共品上投资不足，资本账户过早开放，以及对发展中国家对改革议程的“所有权”尊重不够。“布兰查德革命”的影响就是使得国际货币基金组织决定随后重新审视许多重要的经济问题，例如资本账户自由化及其他曾被遗漏的问题，包括收入不平等、结构转型以及性别经济学（Monga and Lin，2015，p.3）。我们认为，误导性的政策建议，至少是那些在2008年前的，在一定程度上导致了过去60年间国际援助的无效性。

第4章

南南发展合作促进结构转型

SOUTH-SOUTH DEVELOPMENT COOPERATION HELPS STRUCTURAL TRANSFORMATION

本章概览

本章讨论南南发展合作（South-South Development Cooperation, SSDC）的理念。我们认为，与中国和其他新兴市场经济体的南南发展合作很可能为发展中国家在减少贫困和实现包容性的、可持续的增长方面带来“速赢”的结果。

新兴经济体，特别是中国，在基础设施部门（包括建筑材料、土木工程和制造）拥有比较优势。它们也通过赠款、贷款及其他金融安排来支持基础设施——一个关键的增长瓶颈——的改善。而这些金融安排对资金流动的两端是一种双赢。

巴西、中国和印度都是幅员辽阔的国家，它们在全球舞台上的崛起为其他发展中国家创造了前所未有的机会。中国在过去的37年间完成了激动人心的结构转型，它能够为转型提供理念、隐性知识和经验，以及发展融资和投资。随着真实工资在中国及其他上中等收入国家的上升，它们会将其部分制造业岗位与外向FDI一起迁移到其他发展中国家。根据历史经验得到的一个关键结论是，任何低收入国家如果能够把握住轻型制造业转移的机会，就能够获得几十年的强劲增长——创造就业、消除贫困，并且成为一个中等收入甚至高收入国家。

什么是南南发展合作?

在国际发展的历史中可以看到两种发展合作的方式:北南合作与南南合作。北南合作,或者说发展援助,“是基于发达国家的义务来协助发展中国家,因为前者拥有更多的资源,也曾从其早先的殖民地中得益”(Martin Khor, 2015)。OECD 成员已承诺提供其国民总收入(GNI)的 0.7%来作为发展援助,但只有少数几个国家在努力实现这个目标。

与此相反,南南发展合作是资源、技术、知识及专业技能在发展中国家(也被称作“全球南方国家”)之间的交换。南南发展合作是建立在团结、相互尊重、互利和互不干涉内政的原则基础之上的。直到最近,根据已有的定义、概念以及大量的理论和实证研究文献,南南发展援助相对于数额巨大的北南援助,仍一直被认为是次要的。然而,南南发展合作并没有一致的定义、概念、法制或监管体系和大规模的数据库。确实,发展中国家的政策制定者经常坚持认为南南发展合作只能补充而不能替代北南合作。

事实上,全球南方国家具有很强的异质性,已不再是一个同质的"落后"群体。正如 Nagesh Kumar(2008)所述:

> 不同的国家甚至国家内的不同地区都处在差异很大的发展阶段。因此该群体内的互补性大幅增加。南南发展合作的重要性源于一个国家的发展经验对于其他共同发展国家的可复制性。发展中国家在其发展的过程中积累了宝贵的经验。这些技术与能力归因于它们共同面临的发展挑战。

"发展合作的最大贡献者当属中国和印度,它们各自每年大约贡献了10亿美元,接下来是韩国和土耳其,每年大约贡献了5亿美元。"(Kumar,2008)

类似地,在研究了金砖国家提供发展合作方面的理念之后,Mwase and Yang(2012)主张大多数金砖国家的发展融资与传统援助者相比有以下三个不同之处:

- 除俄罗斯外,金砖国家是本着南南发展合作的精神、基于"互利"的原则来提供资金援助的,而俄罗斯和传统的援助者则强调援助在减少贫困中的作用。
- 金砖国家,尤其是中国,将政治条件视为"干预受援国主权",它们更倾向于提供非现金援助来作为规避腐败的手段,而传统的援助者则将政治条件视为确保援助使用有效性的一种手段。
- 与金砖国家发展融资相联系的公共投资规模扩张使得低收入国

家受益，它缓解了关键的基础设施瓶颈，提高了出口竞争力，并且使得商品和服务对消费者更加实惠。持续参与到与金砖国家的发展合作中将有可能长远地提高低收入国家的经济增长并减少贫困。

然而，债务可持续性、创造就业的速度、劳动保护条例及与当地企业的竞争也引起了各种担忧。虽然这些担忧并不是仅仅与金砖国家融资相关的，而且过去也曾在与其他来源相关的融资中被讨论过，但这些担忧强调了管理低收入国家和金砖国家往来中更广泛影响的重要性（Mwase and Yang，2012）。

促进结构转型的中国南南发展合作

中国的南南发展合作是个备受争议的话题，并且在近年来争论逐渐升级。[①] 许多批评者似乎都忘记了中国虽然很大但是还并不富裕——当它在 20 世纪 50 年代后期和 60 年代早起开始向亚洲和非洲国家提供发展合作的时候，它还是一个低收入国家。过去的 60 年见证了中国与其他亚洲和非洲发展中国家旨在促进经济转型的一个共同学习过程。

中国在独立非洲的出现分为三个演进的阶段。第一阶段是在 20 世纪六七十年代，当时的中国是一个“第三世界”国家，比大多数非洲国家

① 例如，参见 Naím（2009）。

还要贫穷，它表达出与不结盟运动团结一致，并且修建了重大的基础设施项目，例如连接了赞比亚的铜带与坦桑尼亚的坦赞铁路。在第二阶段，当中国在八九十年代回到非洲时，它追求有选择性的投资和更加有力的外交拓展。从 90 年代末期和 21 世纪初期开始，中国成为世界上的第二大经济体。“在整个中国和非洲之间的这个后殖民往来时期，中国代表了一种可替代西方的选择，而西方正是非洲所担忧的。”(Akyeampong and Xu，2015，p. 762)

就在第二阶段来临之前，中国在 1978 年的人均收入为 154 美元，低于撒哈拉以南非洲平均水平的三分之一(见图 4.1)。[①] 中国那时也是封闭的：其贸易依存度(贸易/ GDP)比率只有 9.7%，其中四分之三的出口是初级的或加工的农产品。

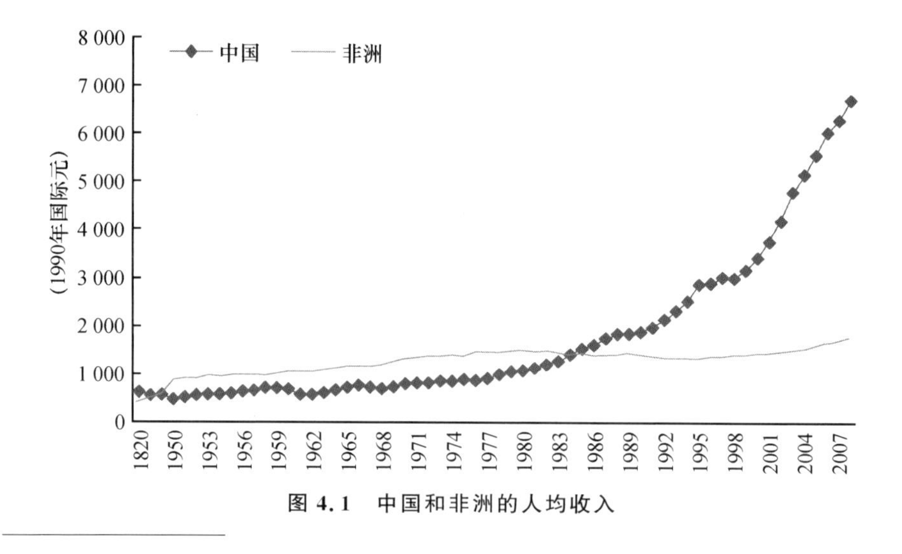

图 4.1 中国和非洲的人均收入

① 除非另有说明，关于中国经济的统计数据来源于《中国统计摘要 2010》，《中国统计纲要 1949—2008》，以及各种版本的《中国统计年鉴》，由中国统计出版社出版。

中国南南发展合作的独特之处

作为20世纪80年代最贫穷的国家之一，中国一直以来都在利用其比较优势，与非洲国家共同努力来增强其自我发展能力。它在南南发展合作中的方式不同于已有援助者的国际援助，它通过将援助、贸易和投资相结合来专注于“中国拥有什么以及最了解什么”。

用官方术语来讲，中国遵循着相互尊重、平等相待、重信守诺、互利共赢的基本原则。除了坚守“一个中国”原则，在中国的合作中没有任何政治附加条件。这并不是说中国的援助或者发展合作是纯粹利他的——并不是这样。中国政府“从来不把这种援助看作是单方面的赐予，而认为援助是相互的”(《中国政府对外经济技术援助的八项原则》，1964)。这种互惠互利基于一个简单的想法，即“互通有无”，双方都可以从中获益(就像我们从亚当·斯密那里所学到的)。这个合作的概念将援助和贸易自然地连接起来。

OECD-DAC所表达的“非捆绑式援助”(untying aid)原则不符合经济常识，因为其将援助和贸易分离开来，使援助与市场原则、比较优势进而互惠互利相隔离。它也不鼓励私人部门参与到发展融资中。将援助与贸易分开之后，援助在OECD的定义下就成了“单方面的赐予”。明显地，这个援助的定义赋予了援助者一个“道德高地”，好像援助是纯粹利他的，将发展中国家置于接受方一端——一个没有所有权的不平等和被动地位。相反，非洲的评论者赞赏中国的合作方式，认为这种方式“带来了国家所有权和自力更生”(Manji，2009，p.7)。

基于中国的贸易结构,一些评论者批评中国在非洲和其他大陆实行“新殖民主义”(进口资源并出口制造品),但是他们的分析忽略了两个基本事实。

第一,国家的进口—出口模式很大程度上是由它们自己自然的和要素禀赋的结构所内生决定的。中国—非洲贸易模式不是任何有意为之的外交政策的结果。中国所做的就是遵循自己的比较优势,而其他发展中国家在每一个转型阶段遵循其比较优势也都是正确的。正如克鲁格曼所说:

> 比较优势对于世界贸易来说仍然是富有甚至是最有解释力的。然而,传统的区位理论和最近的经济地理研究普遍假定地域之间的固有差异不存在,而是以某种外部经济来解释区域专业化。(Krugman and Vernables, 1995, p. 4)

由于处在不同发展阶段,各国之间具有不同的禀赋结构,它们之间的贸易能够由赫克歇尔-俄林模型来更好地解释。随着非洲国家继续积累其要素禀赋——人力的、实物的和金融的资本——它们的出口结构将会转变和升级。

经验显示,与援助相比,基于比较优势的贸易是增长和减贫更强大的推动力。[①] 中国现在是最大的贸易国,对于许多非洲国家来说,中国

---

① 韩国、中国台湾以及 1979 年之后的中国大陆;美国的《非洲增长和机会法案》(African Growth and Opportunity Act)和欧盟的“除武器之外的一切产品”(Everything but Arms)提案。

也是它们最大的贸易伙伴。中国的贸易与援助相结合为非洲的物资和商品提供了需求,同时也提供了投资机会和就业岗位。

第二,中国对援助的定义不同于OECD-DAC的定义[①],因此直接的比较是无意义的。确实,中国没有对外援助法律,从这个意义上讲,中国对外援助的官方/法律定义是不明朗的。我们认为,考虑到"一带一路"的宏伟构想和新成立的亚洲基础设施投资银行(AIIB)及其他发展机构,中国政府应当认真考虑起草一部对外援助法来为对外援助与合作提供一个清楚的理念和依据、一个更广泛的公民参与基础、适当的制衡、更多的监管与评估以及更清楚的问责制(见第7章)。

那么当前中国对外援助的定义是什么?根据国务院新闻办公室《中国的对外援助》白皮书(2014),中国通过无偿援助、无息贷款及优惠贷款,提供以下方式的对外援助:援建成套项目[②]、提供一般物资、开展技术合作和人力资源开发合作、派遣援外医疗队和志愿者、提供紧急人道主义援助以及减免受援国债务等。表4.1列出了中国对外援助的类别。其他官方资金(other official flows, OOF)和类似OOF的贷款与投资不包括在对外援助的官方定义中。Brautigam(2011a)讨论了这些定义。

① 正如在第1章所看到的。

② "成套项目"和实物援助是在20世纪六七十年代发展起来的,中国当时非常缺乏外汇。这类项目允许贫穷国家在不使用美元或其他外汇的情况下互相帮助。

表 4.1 中国的对外援助及其构成

维度	类别
对外援助资金	无偿援助
	无息贷款
	优惠贷款
对外援助方式	援建成套项目
	提供一般物资
	开展技术合作
	开展人力资源开发合作
	派遣援外医疗队
	派遣志愿者
	提供紧急人道主义援助
	减免受援国债务
对外援助分布	农业
	工业
	物资
	经济基础设施
	社会公共基础设施
	人力资源开发合作
	人道主义
	其他

资料来源：国务院新闻办公室(2014)。

基于非洲国家的强劲需求，南南发展合作近年来增添了一些新的种类，包括其他官方资金(金额大但是优惠性较小的贷款和中国进出口银行提供的出口信贷)；资源融资的基础设施（RFI)项目[①]；中非发展基金的权益投资；以及中国开发银行及其他商业银行的基础设施投资(用于发展的类 OOF 贷款和投资，但为非优惠性的，适合于长期基础设施

① 参见 World Bank(2014)。

投资)。然而,这些并不在当前的对外援助定义中。

中国的南南发展合作金额较小,与其人均收入相当。许多分析者试图比较中国和已有援助者(例如美国)的官方发展援助数量,却没有考虑到人均收入的巨大差距,使得这种比较非常具有误导性。[①] 当中国50年前开始对非洲国家提供官方发展援助时,中国比它们当中的大多数国家都要贫穷。即便是在2014年,当中国的人均收入为7 594美元时,也仅相当于OECD已有援助国人均收入的四分之一到八分之一(见专栏4.1和4.2)。

专栏4.1

中国的南南发展合作:与人均收入相称且比其他一些援助者更为慷慨

这个专栏考察发展的阶段并比较中国和OECD成员的官方发展援助(ODA)占GNI的份额。

我们使用Kitano and Harada (2014) 近期估计的中国ODA,该估计基于OECD-DAC的定义。它给出中国的净ODA在2013年为71亿美元。然后他们估计了同年优惠出口买方信贷的净支出为70亿美元。这两项之和为141亿美元,即为中国的发展融资(一个保守的估计)。它们分别占到中国2013年国民总收入(GNI)的0.08%和0.15%。根据

① 例如,研究包括Wolf et al. (2013), Strange et al. (2013)。

我们自己的估计，中国的ODA占GNI的比例在2014年达到了0.09%。这个比例低于一些OECD成员，但是从一个散点图的回归线来看，中国远远高于回归线，说明相对于其2014年7 400美元的人均收入，中国贡献了相对较大比例的GNI作为官方发展援助。

换句话说，在当前的发展阶段，中国对官方发展援助的投入比一些富裕国家更加慷慨。

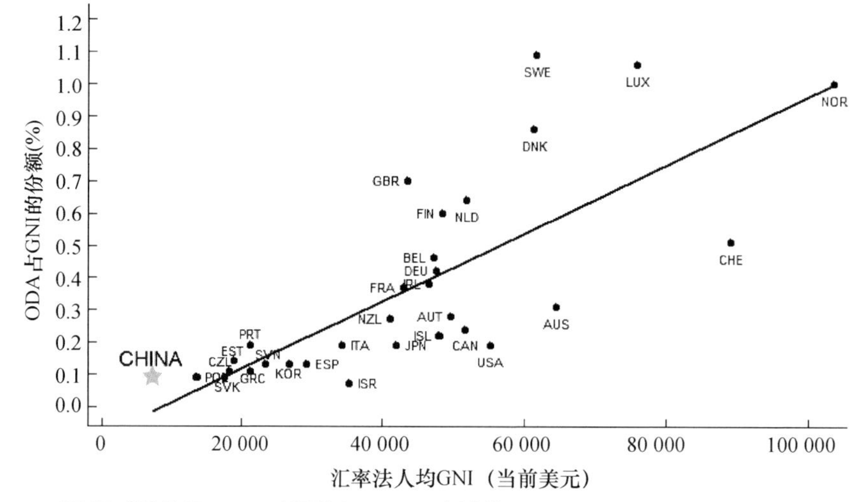

中国与OECD的ODA占GNI的份额(2014)

资料来源：Wang(2011a, p. 22)。基于AidFlow数据更新，于2010年2月获取。

专栏4.2

中国的多边支持较少,但在上升中

多数来自中国的发展合作都是双边的,但是中国也为国际和区域机构提供核心的或专项的资金捐助(2010年共计4.25亿美元)。区域性银行和联合国机构接受了这些捐助中的部分。中国也参与了三边协议下的合作,例如就利比里亚和塞内加尔的粮食安全倡议与联合国粮食及农业组织的合作,以及与英国在孟加拉国和尼泊尔的自然灾害防备及应对措施方面的合作。

中国将发展合作与OOF工具相结合。与发展中国家的标准协议包括由援助、出口信贷、出口买方信贷及商业贷款所组成的混合体。虽然缺少细节,但中国的主要投资是在农业、工业发展、经济基础设施、公用设施及社会服务方面。气候变化是一个新的干预领域。2009年优惠贷款的数据显示大量投资用于经济基础设施(61%)和工业(16%)。

中国以实物和现金捐助的方式提供救济和人道主义援助。它的最大贡献是在2005年对遭受海啸的亚洲国家所提供的支持。中国也为其他地区的国家提供人道主义援助。在2004—2009年间,中国支持了大约200次行动。

有了新成立的亚投行和新开发银行,中国对多边机构的贡献将大幅上升(见第8章)。

资料来源:Development Initiatives(2013, p. 245)。

将新结构经济学与南南发展合作相联系

关于中国的南南发展合作与新结构经济学的一致性，我们提出两个命题，它们将由本章和之后几章的案例研究来证实。

我们的第一个命题是：一个成功转型的学习伙伴能够利用其在发展中的比较优势来帮助传播关于发展中实际操作问题的隐性知识。在中国几千年的历史中，一直信奉“三人行，必有我师焉”和“没有金刚钻，别揽瓷器活”（在我们的情境下，是指“只有当你具有比较优势，才能去教他人”）。利用比较优势能够使得合作双方都获益（就像我们从亚当·斯密那里所知道的），因此双方的激励能够相互匹配来实现互利或者说双赢。我们甚至可以度量这些“合作收益”，正如我们可以度量“贸易收益”。这与“有条件援助”模式有本质的不同，在有条件援助中，援助者和受援者的激励是不一致的。

许多中国官员在采访中讲到“中国的成功是因为她是一个好学生”。自然地，能够快速学习的好学生（即在一些部门开发出了比较优势）能够帮助他人实现“他们能够做到的”（不论他们当前拥有多少）。为了实现双赢，中国专注于将“这些国家拥有什么”（要素禀赋）转化为“它们有可能做好什么”（潜在比较优势）。例如：

• 在 20 世纪五六十年代，中国建立了良好的初级卫生和教育体系，迅速提高了预期寿命并消除了文盲。利用这个比较优势，50 年来中国不断派出医疗队、教师和农业专家到非洲国家，并为非洲学生提供奖学金，以此来手把手地传授隐性知识和经验。非洲对中国医疗队的反馈是非常积极和赞赏的(King，2013)。

• 1979 年之后，中国在农业、渔业和畜牧业均实现了高产。利用这个经验和比较优势，中国资助了非洲农业技术示范中心的建设，传递了适宜的农业和水产技术(Brautigam，2015)。较早的示范中心之一在马里的塞古发展成了一个甘蔗农场和 Sukala 炼糖厂，于 1996 年开始运营。基于其良好成果，马里政府批准了进一步的扩张(见后文专栏 4.4)。

我们的第二个命题是：一个国家只有一步一个台阶地向上攀登，在每个阶段都体现其自然或不断积累的要素禀赋，才能完成学习和转型(见图 4.2)。换句话说，基于新结构经济学，各国要通过遵循(而非违背)其比较优势来学习。因为中国进行的是渐进式的局部改革，它能够在局部改革的经济特区和试点方面帮助其他国家。一个国家可以通过储蓄、投资和学习积累自然的、实物的、人力的及制度的资本来改变其禀赋结构，但是这会耗费相当长的时间。对于一个资本稀缺的国家来说，完全不可能以违背其比较优势的方式实现跨越式发展，进而变为资本密集型的制造者或高科技的知识经济。

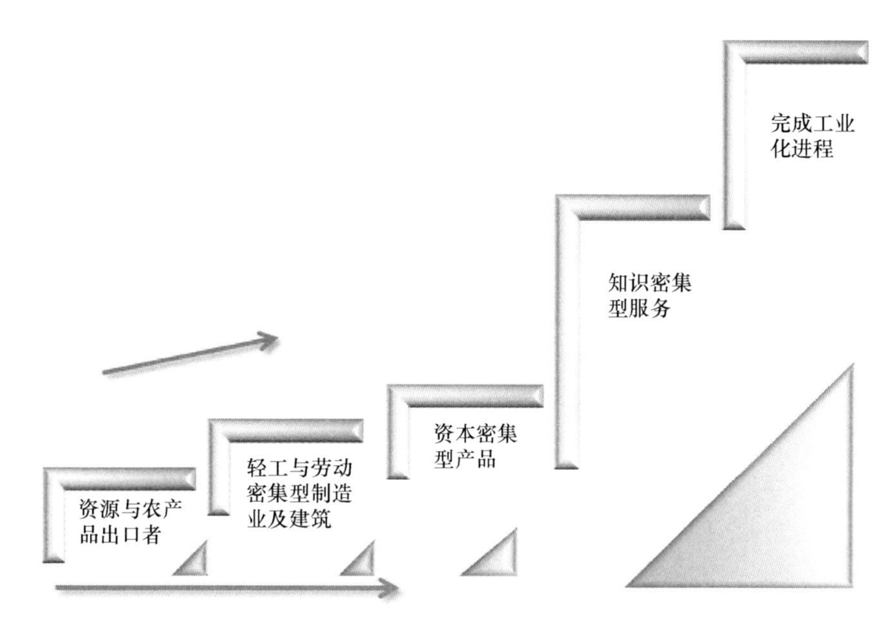

图 4.2 中国和非洲——一步一个台阶攀登同一座结构转型"大山"的队友(遵循比较优势)

资料来源:作者。

中国的南南发展合作"带来了所有权和自力更生"(Manji,2009,p.7)并鼓励各国遵循它们的比较优势,渐进式地,而不是用休克疗法来跃进,因为(基于其自身的经验)这种休克疗法不适用于发展中和转轨中经济体的现实情况。例如:

- 许多中国企业迁移到非洲去生产劳动密集型的轻工制造业产品——例如,参见 Shen(2015), World Bank(2011a,2012),Weisbrod and Whalley(2011),以及埃塞俄比亚的华坚鞋厂案例(见第 6 章)。

• 中国的技术价格低廉,更适合于低收入国家来采用。一个例子就是采用劳动密集型技术来建造坦赞铁路(Akyeampong and Xu,2015)。另一个例子是治疗疟疾的草药(青蒿素),它拯救了几百万人的生命。中国科学家屠呦呦从20世纪70年代起就与一队中国科学家共同研究这种药物,她于2015年因此项工作成果获得了诺贝尔奖。

中国不能帮助其他国家跃进的另一个原因是自身的局限性。例如,由于中国还不是一个知识经济体,它便不能够帮助其他国家成为知识经济体。多数中国企业所了解的是劳动密集型轻工制造业,而不是资本密集型制造业或者知识密集型服务(除了华为、中兴及少数其他高科技公司)。这种局限性也包括了劳动和环境标准:一些中国企业并没有完全遵守中国自己的法律法规,仍然需要在此方面对其进行教育和培训,因此它们的一些海外项目必然也会有同样的问题。它们需要来自东道国政府、非政府组织和民间社会的批评甚至阻止,包括共同学习,以及东道国更好的法制和监管体系。

因此,非洲和中国是攀登同一座结构转型山峰的队友,它们是自由地相互选择的。中国处在山峰的略高位置,它利用自己的理念与经验,帮助非洲在当地建立"缓解瓶颈"的基础设施和经济特区以促进其结构转型。随着劳动力成本在中国的快速上升,非洲国家能够通过吸引劳动密集型企业从中国迁出来获益。双方都能从合作中受益,就像贸易伙伴都能从贸易中获益一样。但是好的登山者有时也需要被督促和推动。非洲人民、媒体和非政府组织能够鼓励其合作伙伴的正确行为。后文中我们会提议建立一个体系，对所有合作伙伴在遵守国际标准方面进行评分（见第7章）。

两个命题和由图4.2所概括的框架完全与新结构经济学的逻辑相一致：

• 所有学习者与合作者都是从一个平等的基础上出发的。其中一些人学习得更快。所有国家都自由地选择其学习伙伴。

• 中国已从劳动密集型部门上升到资本更密集的部门，然而许多非洲国家仍处在出口自然资源和初级产品的阶段。但是中国就在不久前也处在同样的位置：迟至1984年，中国出口中的一半都是原油、煤炭和农产品（见图2.8）。中国在结构转型中所处的阶段与非洲国家是最为接近的，因此对于雁阵模式来说具有更高的互补性（见第2章）。

• 中国的学习与合作方式鼓励非洲一步一个脚印地遵循其自身的比较优势，即甄别在农业、基础设施和劳动密集型轻工制造业中的潜在比较优势。通过经济特区的局部改革也有助于结构转型，就像中国自己的经验所展示的那样（见第6章和第7章）。

• 出于类似的禀赋、类似的制度约束和类似的人力资本结构，伙伴国需要相互尊重、拥有最相关的隐性知识和亲身经历的实践经验，才能促进这样一种试验性的发展方式。中国与非洲能够更好地相互补充，正是因为它们具有不同的自然禀赋、不同的比较优势，但有相似的人力资本与制度约束。

什么是比较优势及如何度量?

显性比较优势(RCA)基于Balassa(1965),是一个有用的概念。它度量了一个国家在一种已经出口的商品上是否有显示出的比较优势(见专栏4.3)。

专栏4.3

关于显性比较优势的一个方法论注解

显性比较优势可按如下方法进行计算:

$$\mathrm{RCA}_{ij} = \frac{x_{ij}/X_{it}}{x_{wj}/X_{wt}}$$

其中,x_{ij}和x_{wj}分别表示国家i出口产品j的价值和世界出口产品j的价值;X_{it}和X_{wt}分别表示该国的总出口和世界的总出口。因此,如果RCA小于1,该国在该产品上有显性比较劣势;而如果RCA大于1,该国则在该产品上有显性比较优势。

资料来源:WITS/UN Comtrade。

图4.3显示了2010—2011年样本国家和部门(共97个部门)的显性比较优势的计算结果。在中等收入国家之间进行比较,俄罗斯和自然

资源丰富的哈萨克斯坦只有11个部门具有大于1的RCA。低收入国家,例如印度尼西亚和越南,具有更多的RCA大于1的部门。中国在这一组中是最多元化的国家,在97个部门中有45个都具有显性比较优势(RCA大于1)。所以中国处在很有利的地位来帮助其他发展中国家在其具有潜在比较优势的部门提高竞争力。

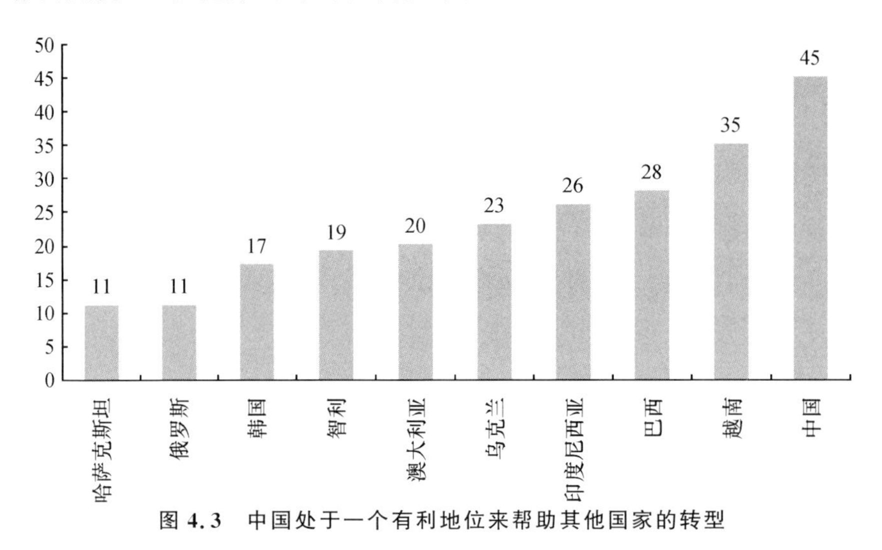

图4.3 中国处于一个有利地位来帮助其他国家的转型

注:柱状图上方的数字基于2010年或2011年,表示具有RCA>1的部门个数。

资料来源:作者基于世界银行WITS数据计算。这里使用了1996年的2位HS2分类代码(共97个部门)。

在20世纪70和80年代,中国利用其在农业和轻工制造业的比较优势来帮助非洲国家(见专栏4.4)。[①] 在此之后,随着制造业部门变得更为成熟,中国利用其在建筑业和轻工制造、铁路、水电及其他部门的比较优势来帮助其他国家(见第5章)。

① 更多例子参见Brautigam (2015)。

专栏 4.4

中国在农业加工业的绿色投资：将援助项目转化为投资

中国已大量投资于非洲的农业部门并且提供了技术协助。从2006年起，已建立了至少14个农业技术示范中心，更多的还在筹划建立中。但是中国对农场的投资增长缓慢。“我们只知道一个案例，中国投资者被批准并继续开发了一个占地面积超过1万公顷的新区域：N'Sukala，它是马里的Sukala糖业综合体的一个延伸，这个综合体是由中国1965年的援助项目所建立。即便是这个新项目也不仅仅是‘中国的’，而是由马里政府(40%)和一个中国公司(60%)所组成的合资企业，当它在1996年私有化后，该合资企业接管了Sukala。”(Brautigam and Zhang, 2013, p. 1690)

在2010年3月，王燕访问了Sukala糖业集团及其一些甘蔗农场和两个炼糖厂，见到了中国和非洲的经理和工人。故事是这样开始的：马里在20世纪60年代的时候并没有甘蔗种植的知识和产糖的能力。一些西方专家认为马里的土地和气候并不适合甘蔗种植。但是中国的专家帮助马里的农民种植了甘蔗，并分别在Dougabougou和Siribala于1965年和1974年建立了两个炼糖厂，一起被称作Sukala股份有限公司。

起初，这项成套援助和技术协助项目交给了马里政府，但是由于管理问题这个项目遭受了资金损失。在1996年，中国轻工业对外经济技术合作公司(China Light Industrial Corporation for Foreign Economic and Technical Cooperation,CLETC)收到了一份来自马里政府的请求——成立一个合资企业进行产业升级,这一企业后来成为Sukala糖业集团,拥有注册资本50亿非洲法郎(60%来自CLETC,40%来自马里)。从1999年到2000年,该集团使用中国进出口银行提供的优惠贷款来翻新,日常加工能力从1500吨增加到了2000吨。以100平方公里的总面积,该集团的年产糖量达到39 000吨,食用酒精产量达到280万升。2010年,该集团的总资产为225亿非洲法郎(Feng,2010)。

Sukala糖业集团满足了马里四分之一的糖类需求,对国民经济的贡献显著,糖产业也成为该国一个强大的部门。这个项目创造了超过1万个永久性的和季节性的就业岗位,帮助当地减少了贫困并增加了福利。该项目也对其他行业产生了溢出效应,促进了消费和经济活动在两个城镇的集聚,并为政府带来了收益。

N'Sukala糖业集团是在Sukala股份有限公司成功基础上的延伸,覆盖了占地1万多公顷的新区域。这个开始于2012年的联合工程有望将糖生产扩大三倍,从而能够满足马里糖类及其他相关产品(包括食用酒精)市场的全部需求。这个环保型项目采用最新的喷灌技术,节约了水的使用,并提供了数以千计的工作岗位。

资料来源:基于Brautigam and Zhang(2013),Feng(2010),和Sun(2011)。

第5章

利用中国的比较优势来解决非洲的基础设施瓶颈

USING CHINA'S COMPARATIVE ADVANTAGE TO ADDRESS AFRICA'S INFRASTRUCTURE BOTTLENECKS

本章概览

基础设施发展对经济增长和减少贫困的贡献巨大，这已是公认的事实。然而，非洲的基础设施，尤其是电力部门，已被忽视了太久。

正如新结构经济学所表明的，软件和硬件基础设施都是一个国家要素禀赋的组成部分，从而对其比较优势和结构转型来说至关重要，因为它是将各国所拥有的（禀赋）转化为它所能做好的（潜在比较优势）。我们展示了中国在修建诸如高速公路、水电站及最近的高速铁路等基础设施方面具有比较优势。在怎样为迅速增长的基础设施融资方面，中国的经验也为非洲和其他发展中国家提供了有价值的借鉴。

中国及其他非传统的发展合作伙伴为非洲的基础设施建设投入巨大，试图缓解其增长瓶颈并直接或间接地帮助当地创造就业。利用中国融资的168个非洲基础设施项目来进行的案例研究支持了这一论断。

新结构经济学与基础设施：一个全新思路

世界银行估计必须有超过1万亿美元的年投资额——约为发展中国家GDP的7%——才能满足中期内的基础设施基本需要。快速增长的国家——例如中国、日本和韩国，几十年来每年都投资其GDP的9%以上用于基础设施。假设在发展中国家的基础设施融资延续其历史趋势，在中期内将会出现一个每年超过5 000亿美元的基础设施融资缺口。

然而，仅仅投资于基础设施并不足以驱动增长引擎并创造就业，除非将其与生产性的资产及人力资本相结合。因此，基于新结构经济学，我们主张，基础设施投资需要与经济特区或者城市发展以及结构转型相联系，以使其能够自我维持。

从自然禀赋到生产性资产

新结构经济学假定经济发展是一个需要结构变迁的动态过程，在每一个发展水平上都涉及产业升级（使劳动生产率提高），以及相应的

“硬件”(有形的)和“软件”(无形的)基础设施改善,从而降低交易成本。由于企业交易成本和资本投资回报存在巨大的外部性,这种升级与改善都需要协调。因此,除了确保有效的市场机制之外,政府应当积极地促进结构转型、多元化和产业升级(Lin, 2012b, pp. 14—15)。

投资于适当的基础设施与工业资产将会增加土地的价值(一个普遍接受的原则)。基于土地的融资提供了有力的工具来帮助负担城市基础设施投资的费用。[①] 这些方案已在中国的经济特区和这些特区周边的基础设施试点中得到了探索(Wang, 2011a)。

因此,我们提出的第一个命题是:

> 其他条件一样,相比一块没有基础设施的土地,一块有适度基础设施水平的土地价值更高。所以我们可以很好地利用它作为担保品来获得基础设施发展贷款。

这个命题得到了实证证据的证实,即基础设施使得穷人受益,因为它增加了土地或者人力资本的价值,并减少了不平等(Estache, Foster, and Wodon, 2002; Estashe, 2003; Calderón and Servén, 2010, 2014)。而由于基础设施通常是因部门而定的,“适度的”基础设施水平必须是居民能够负担得起并且与该国现有的或潜在的比较优势相一致的。因此,应当依赖于市场机制来获得正确的相对价格并确定哪一种基础设

① 关于合法的、典型的基于土地资产的基础设施融资,参见 Peterson(2008)中的政策说明。

施是可以用来缓解瓶颈的。此外,政府必须发挥以下职能:提供信息,甄别比较优势及相关的基础设施,发展经济特区以吸引国内外的投资者并促进私人部门的自我发现和自我扩张。

经济特区的作用是公认的,并且已被新兴市场的成功经验所证明。特别是经济特区,能够为地理上集中的一个区域提供一系列实用的公共服务,提高政府用于基础设施的有限资金或预算的效率,促进集群发展或某些产业的集聚,推动城市发展和服务集聚。经济特区已被证明有助于经济增长、创造就业和提高收入。

因而我们的第二个命题将基础设施与产业升级和经济特区相联系:

> 变革性基础设施(transformative infrastructure)有助于将一个国家的禀赋结构与其当前的和潜在的比较优势相联系,并将它们转化为在全球市场上的竞争优势,从而它在财务上是可行的。

换句话说,将基础设施建设与产业升级和房地产开发相结合能够有助于二者在财务上的可持续性。这种方式具有潜在的高回报率。

基于以上两个命题,任何低收入国家在长期都有能力来负担其基础设施费用,只要它发展一种与其比较优势相一致的战略。世界银行及其他开发银行应当尽力去帮助将“这些国家所拥有的”转化为“这些国家有潜力做好的”(见图 5.1)。

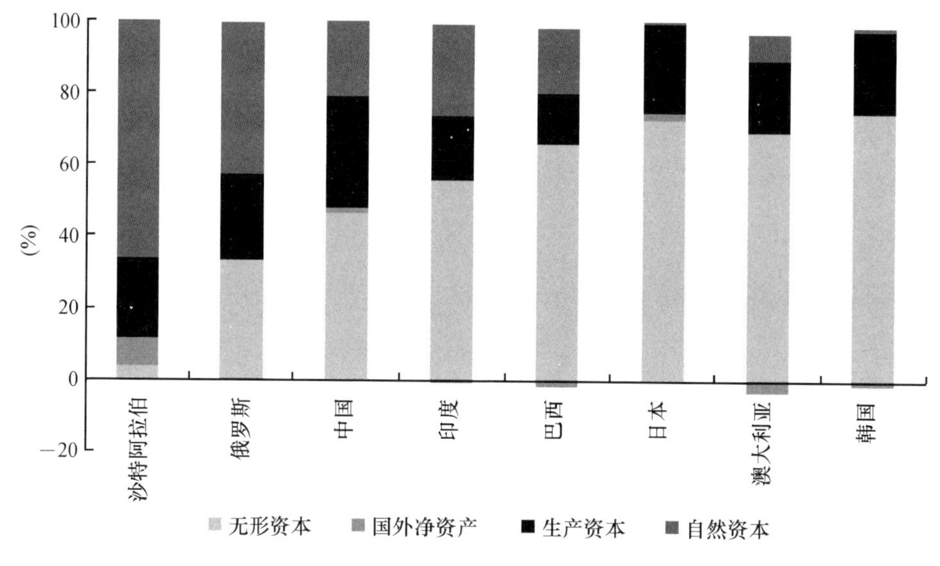

图 5.1 将自然禀赋转化为生产性资产

注:无形资本包括人力资本和制度资本。

资料来源:作者基于 Changing Wealth of Nations(2011c)中的世界银行数据。

长期来看,如果一个国家按照由其禀赋结构所决定的比较优势来发展产业(及那些产业所需的特定基础设施),它在生产中将会具有世界最低的要素成本和交易成本,从而变得最具竞争力,能够产生最多的利润(剩余),拥有最大量的储蓄,实现最快的禀赋结构升级。这将为产业升级和多元化奠定基础,从而转向资本更为密集的产业,形成一个良性的循环,潜在地使得基础设施融资在财务上是可持续的。

我们对一些估算的基础设施回报率进行了比较。相比较而言,投资于发展中国家的基础设施风险较高,收益率也相对较高,平均中值为10%,最低可能是负值,最高可达100%(Bai et al.,2006; Canning and

Bennathan,2000；和世界银行的估计）。最近的证据表明，私人基础设施投资基金比私人权益基金具有更高的回报率（Preqin Global Infrastructure Report,2015）。[①] 然而，近三年美国10年期债券的基准收益率仅为2%或更低。在当前的低收益率环境下，越来越多的主权财富基金、政府机构和养老基金在追求更高的风险调整后收益。它们更可能会投资于一个基础设施投资银行，或者加入"一带一路"项目，或者加入由Lin and Wang(2013)提出的"全球结构转型基金"（Global Structural Transformation Fund）。凭借适当的安排，可以引导高收入国家和新兴市场经济体中过剩的产能与储蓄，以某种渠道投资到发展中国家的经济特区及其他释放瓶颈的基础设施当中。这种投资对两组国家而言是双赢的，因为它为东道国创造了就业、收益、增长并减少了贫困，同时也为投资者带来了良好的回报（见图5.2）。

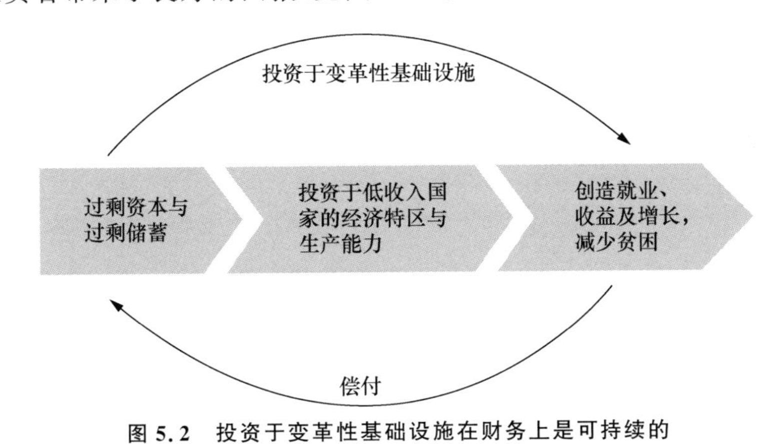

图5.2　投资于变革性基础设施在财务上是可持续的

资料来源：作者。

① https://www.preqin.com/docs/reports/2015-Preqin-Global-Infrastructure-Report-Sample-Pages.pdf

中国在基础设施建设方面拥有比较优势,并用其帮助其他国家

发展是一个学习、选择性适应和创新的过程。多年来,中国已在建筑业方面发展出了比较优势,这归因于它从援助者(包括世界银行、亚洲开发银行等)资助的项目中学习从国内建设工程中积累的经验,这些工程包括水力发电(见专栏 5.1)及后来的运输,尤其是高速公路和铁路建设(见专栏 5.2)。

专栏 5.1

中国在基础设施建设方面的比较优势:水力发电

中国是世界上最大的可再生能源生产国,而水力发电则是其主导的清洁能源来源之一。国内配置了超过 2 815 亿瓦的水力发电设施,使中国成为世界上最大的水电生产国,尽管整个国家的电力只有 6%来自水电。政府已经表示其意向:截至 2015 年,将增加水电容量到 2 900 亿瓦(KPMG,2014)。

在 2013 年,中国的水电装机容量增加了 288 亿瓦,达到了 2 600 亿瓦,另外进一步增加 12 亿瓦的抽水储能以达到累计 215 亿瓦的总量。

当年在水电方面的总投资为 1 246 亿元人民币(约合 200 亿美元),与上年大致持平(IHA,2013)。中国现在的纯水电装机容量比紧随其后的三大水电国家(巴西、美国和加拿大)装机容量的总和还要大。

中国在出口水电建造服务,包括设计、工程建造与安装启用等方面具有明显的比较优势,这一优势基于中国公司建造了国内巨大的水电容量,积累了丰富的经验,并且拥有成本低廉的工人、工程师和地盘工头(见下图),同时还能为这些工程带来投资者,以及在非洲和世界其他地方实施过大型水电工程项目。

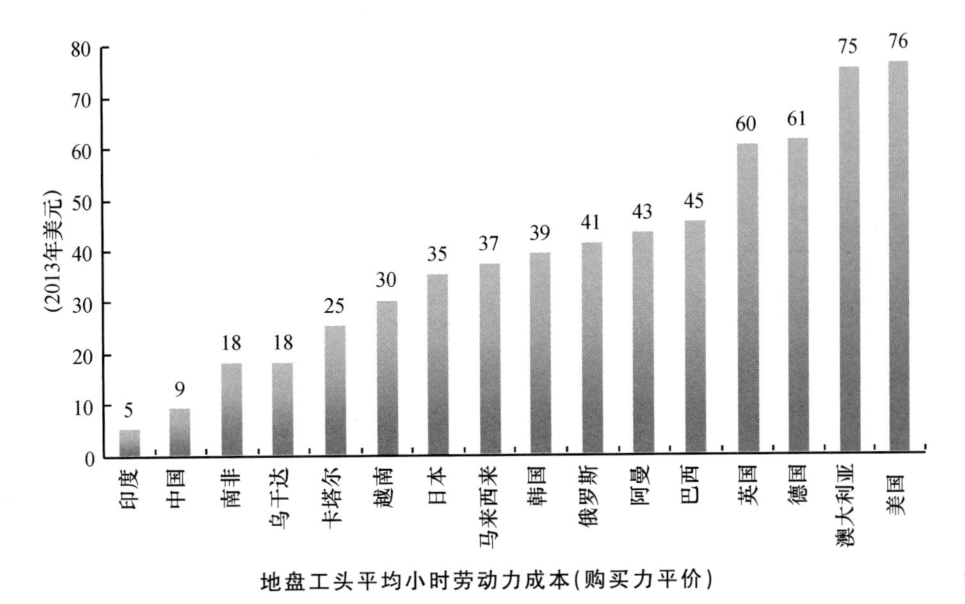

地盘工头平均小时劳动力成本(购买力平价)

资料来源:基于 *International Construction Cost Survey*, *2013* 的劳动力成本数据。

专栏 5.2

中国在基础设施建设方面的比较优势:高速铁路建设

在过去的十年里,中国引进并学习了国外的技术,在高速铁路系统逐渐发展出了比较优势。我们的一篇2008年的论文记载了这个学习与创新的过程。中国每年派出许多官方代表团进行考察访问。例如,2006年和2007年,中国派出了97个代表团共580名技术人员去德国,向西门子学习关于高速铁路的技术。在2008年4月11日,中国制造出了第一台CHR3高速铁路机车:CHR300—700系列现在被广泛使用,其最高时速可达350公里。

中国拥有世界上最长的高速铁路系统,截至2014年12月,其运行中的铁轨长度超过16000公里。[①] 引人注目的是,中国在十年内建成的这个高铁网络所耗费的单位成本比其他任何国家的类似项目都要低。它具有良好的可靠性,以很高的交通运输量在核心线路上运行。而中国完成这项工程的成本至多为世界其他地方类似工程成本的三分之二,显示出其明显的比较优势。

一条时速为200公里的高速铁路建造成本会受到以下几个因素的

① 中国将高速铁路定义为,任何一条在中国提供商业列车服务的、时速为200公里/小时或以上的铁路。根据这个定义,中国具有世界上最长的高速铁路网络,截至2014年12月,运行服务中的铁轨总长达到16000公里。

影响。主要因素包括线路设计时速、轨道类型、地形[①]、天气条件(例如极低的气温要求对路基的特殊设计)、土地收购成本(在人口密集的城市区域成本很高)、高架桥的使用、跨河大桥及大型车站的修建。根据世界银行高级交通运输专家及技术说明作者之一的 Gerald Ollivier:

> 除了中国的低劳动力成本,一个可能的原因是中国大规模的高速铁路网络规划实现了规模经济。这使得对各个建筑要素的设计能够标准化,有利于设备制造和工程建设的创新能力和竞争能力的发展,以及将建造设备的资本成本在一系列工程中进行摊销。

平均单位成本的范围

单位:百万元人民币,每公里双轨铁路

要素	350 公里/小时	250 公里/小时	200 公里/小时
征地和移民	4	5—9	5—8
土木工程	57	56—62	42—43
路堤	24	31—42	23—28
桥梁/高架桥	71	57—73	59—62
隧道	—	60—95	51—68
轨道			
轨道(无碴)[a]	10	10—13	
轨道(有碴)[a]			5—7
信号和通信	5	3	3—4
电气化	6	4—5	4

a. 无碴板式轨道应用于时速 350 公里和 250 公里的客运专线,有碴轨道应用于时速 200 公里的铁路。

资料来源:世界银行项目的《财务部门报告》(FSR)和《项目评估文件》(PAD)。

① 特别地,山区要求大量的隧道与桥梁建设,最高可达到 80%的序列长度。

根据世界银行所支持项目的经验，中国的铁路建造成本[①]约为之前提到的工程总成本的82%。中国的高速铁路具有350公里的最高时速，并且有很大比例的高架桥和隧道，其标准的基础设施单位成本约为1 700万美元至2 100万美元（人民币1亿元至1.25亿元）。而在欧洲，设计时速在300公里或以上的高速铁路估算成本为每公里2 500万美元至3 900万美元。加利福尼亚州的高速铁路建造成本（除去土地、机车车辆和建设过程中的利息）则高达每公里5 200万美元。[②] 根据D. P. Crozet[③]，2013年在法国建造的四条高速铁路线的单位成本为每公里2 480万美元至3 520万美元之间。

资料来源：Ollivier，Sondhi，and Zhou（2014）。

依据中国的发展经验，基础设施在加速增长和减少贫困方面扮演了主要角色。有句俗话说得好："要想富，先修路。"

中国的基础设施发展最初是由沿海地区的快速贸易扩张所引导的，由各级政府及私人部门来融资，广泛应用了成本回收原则及实践。政府在战略规划、资助基础设施发展、解决增长瓶颈同时保持财政纪律

① 包括土建工程、轨道工程、常规车站、院场、信号、控制和通信、电力以及其他地面建筑的组成部分；不包括规划、土地、一些大型车站、机车车辆和建设过程中的利息。

② California HSR Authority, Draft Business Plan, 2014. http://www.hsr.ca.gov/about/business_plans/draft_2014_business_plan.htm

③ International Transport Forum, December, 2013. http://www.internationaltransportforum.org/jtrc/DiscussionPapers/DP201326.pdf

等方面扮演了领导角色。商业贷款、基础设施债券和城市发展基金使得市场秩序得以执行。国际合作伙伴则在中国的学习、改革和创新过程中起到了催化剂的作用,也在初期提供了大量的资金和管理经验。

中国在基础设施融资方面的经验

中国主要利用了三个渠道为基础设施进行融资:来源于财政的直接预算投资;基于市场的融资,包括基于土地融资的借款;以及基础设施的公私合营(public-private partnerships for infrastructure, PPPI)方式。

作为国家政策,政府鼓励银行部门为基础设施投资融资,尤其是公路建设和城市基础设施建设。"用户付费"原则在中国得到了很好的应用,在某些子部门,成本回收可以达到总成本的 30%—40%。成本回收使得所有者和承包商必须服从市场纪律,允许私人参与,并且提高了效率。例如在 2008 年,大约 40%的城市基础设施出自财政来源(包括土地收入),30%来自银行贷款,29%来自企业(基于收入流,例如费用和收费)。只有 1%来自外国投资和债券。[1]

基础设施的私人参与(private participation in infrastructure, PPI)

---

① 采访,秦红,城乡发展中心,2010 年。

在中国已采取了多种方式(见专栏5.3)。在20世纪90年代,政府急于给予有利的优惠来吸引国外投资并从1996年起试点“建设—经营—移交”(build-operate-transfer, BOT)项目。许多BOT模式的变体被发明和使用。但是在1998—2004年间,BOT和PPI项目的数量下降,部分归因于基础设施债券的大量问题、上升的土地租赁收入及数量更多的城市发展和投资公司(urban development and investment companies, UDICs)。最近,由于地方债务的不断增长,政府加强了对地方投资平台的控制,使得基础设施的公私合营方式变得更为普遍。

专栏5.3

中国的“基础设施的公私合营”与“基础设施的私人参与”

在20世纪90年代初期,快速的贸易扩张与增长使得道路和电力方面出现了增长瓶颈,尤其是在临近经济特区的沿海地区表现更为突出。应对这一问题的一个思路就是在一定程度上引入私人部门。

广州—深圳—珠海高速公路 开通于1994年7月,这是第一条与私人部门合资的工程项目。广东公路建设公司与香港合和实业有限公司(Hopewell Holdings Ltd.)共同为其融资。这条高速公路由香港的工程师和房地产开发商胡应湘设计和建造。随着经济与贸易的快速增长,这条高速公路成为中国最繁忙的高速公路之一。这个合资项目是盈利的，这种方式也已被广泛复制（参见合和实业有限公司网站）。[①]

福建泉州的刺桐大桥　这个项目是第一个由私人企业发起的大型交通基础设施项目，总投资达到2.5亿元人民币。它是一个BOT模式的开发项目，15个私人企业共同成立了名流实业公司，然后该公司与泉州政府合作成立了一个合资公司，名为泉州刺桐桥梁开发有限公司，注册资本为6 000万元人民币，其中名流实业公司持有60%的股份，泉州政府持有剩余股份。刺桐大桥于1996年12月投入使用。根据Guo（2009），“刺桐模式”是国内私人投资者参与基础设施建设的一个“示范工程”。

来宾B电厂项目　这是在中国的第一个国家批准的国际BOT项目，它位于中国最贫穷的地区之一——广西壮族自治区来宾县。该项目涉及一个2×360MW的燃煤发电厂的设计、融资、建设、采购、运行、维护及转交，估算成本为6亿美元。国际竞价之后，凭借法国出口信贷机构科法斯集团（COFACE）的强力支持，法国电力公司（Electricité de France，EDF）和通用电气阿尔斯通（GEC Alstom）（在与其他五个投标入围者的竞争中）联合在1996年赢得了特许。来宾B电厂由三个主要合同所支持：特许协议、电力购买协议和燃料供给与运输协议。政府提供了一封告慰信，而不是一个保证的收益率，因此政府与企业共同承担风险。这些文件吸收了其他国家BOT合同的经验并考虑了中国当时

① http：www. hopewellhighway. com/WebSite_en/ir/doc/HHI_Guangzhou_Shenzhen_Eng. pdf

的境况。该工程进展顺利,提供了稳定的电力供给,广西政府对此非常满意(王守清和柯永建,2008,pp.126—140)。

其他PPPI的案例包括厦门机场、北京机场高速、京通高速、杭州湾跨海大桥,以及最近的北京地铁4号线,后者于2004年开工,2009年完工。

资料来源:基于Guo(2009);王守清和柯永建(2008)。

“超前”建设基础设施的理由

作者在世界银行的同事经常会对中国在计划和建造关键性基础设施方面取得的巨大成就感到震惊,包括大型水库、水电站、国家高速公路系统以及最近的高速铁路系统。他们觉得很不可思议,部分是由于这些投资有时候很难纯粹地依据世界银行的成本—收益分析(传统的以需求为基础的方式)来评判。

但是像中国所做的这样,“超前”建设基础设施的经济学依据是什么?我们的假说如下:

命题1:在一个像中国这样快速增长的经济体中,劳动力和土地成本上升很快,现在修建高速公路比十年后修建要便宜很多。这也适用于其他人口增长和城镇化速度较快的发展中国家。

命题2:关键性基础设施是一个具有正的外部性的公共品。世界银行的成本—收益分析不足以计算公共品的溢出效应,尤其是考虑到规模经济,例如一个大国或者次大陆中的交通网络。

良好的交通运输基础设施降低了生产部门之间从事商业活动的成本,帮助整合分割的市场,增加了跨边界贸易,并促进了竞争。这种基础设施需要在当经济正好需要的时候准备好:如果延迟会转化为经济收益的丧失,而且日后获取土地并进行建造的成本将会高很多。另一个关于传统的基于需求的方法的问题是,如果基础设施建设开始较晚,其运营就会比所需要的时候开始得更晚,付出的代价就是牺牲了整个经济和使用者本可获得的巨大经济收益。由于土地成本随着城镇化而上升,因此,对于便利贸易和互联互通,像中国这样尽早做出交通基础设施的决策是很关键的。

中国已经广泛地投资并快速地建成了一个巨大的交通运输基础设施体系。在"对道路基础设施的供给将制造出对于其自身的需求"①的预期下,许多地方的基础设施都是"超前"建成的。交通基础设施有助于人力与物资的跨区域及跨国流动,扩展了市场和贸易,起到了对发展、增长和繁荣的催化作用。然而在这种情况下,用来评判项目和投资的方法与世界银行所使用的传统的成本—收益分析是非常不同的。

① China's Pivot West,由鲍泰利于2015年2月27日在世界银行报告。

错失良机？ 相隔8—12年所建高速公路的单位成本比较

在中国的模式中，需要详尽的成本评估与尽职调查来支持和满足投资者与政府决策的需要，尤其是当获得融资是主要挑战之一的时候。这里，通过重点关注高速公路，我们说明了政策制定者和规划者进行成本估算所需要的数据类型，比较了相隔约为十年的中亚高速公路的单位建造成本。①

在世界银行的分析中，建造1公里公路（二车道或四车道的，柏油的或水泥的）的成本构成为劳动力、材料和设备。土地获取成本（公路用地）②并没有被纳入，因为它被假设为由政府通过预算来承担这个成本。③ 给定这个重要的遗漏，关于在什么时候修建或者不修建某条高速公路，世界银行给出的建议应当由各国政府重新进行评估，因为土地价格在市中心附近会相当高。

不包括土地价格，1公里公路的单位成本在2012年是在2000年的

---

① 作者对Manzoor Rehman为本书所做出的技术说明表示感谢，他是世界银行的高级项目经理（已退休）。

② 公路用地是建造高速公路的土地。它包括高速公路任何部分所需要的土地，例如沟渠、边坡、桥梁及涵洞。

③ Rodrigo Archondo-Callao先生是高速公路高级工程师，也是世界银行“高速公路设计手册4”（Highway Design Manual-4，用来做成本估算和经济分析的软件）的顶级专家，他证实了这一点：“我从未看到土地成本出现在世界银行主要的文件（PAD，ICRS，ISR）或者土木工程合同中，它们一般由政府资金来支付（通过内部转移）。因此，在有关道路建设的土地成本方面，我没有任何信息。”

两倍(见表 5.1)。如果土地价格上升,尤其是靠近城市走廊的区域,超前计划高速公路的理由则更强。该表展示了在 2000 年,穿越中亚的西欧—中国西部国际运输走廊中一系列项目的每公里建造成本,并以在南亚的项目的平均成本和世界平均成本作为基准进行比较。

表 5.1　相隔 8—12 年的高速公路建设成本 单位:百万美元/公里

路面类型(新建)	WEWC 2012 年	WEWC 2009 年	WEWC 2008 年	南亚(平均) 2000 年	世界(平均) 2000 年
四车道,水泥混凝土	4.40	4.22	3.50	2.21	2.89
四车道,沥青混凝土				2.97	2.49
二车道,水泥混凝土		2.30			1.02
二车道,沥青混凝土			1.60	1.00	1.06

注:道路分类基于前苏联道路设计标准(Soviet Union Road Design Standards, SNiP)。类别Ⅰ:四车道(2×7.5 m),路基面宽度 28.5 m;类别Ⅱ:二车道(2×7.5 m),路基面宽度 15 m。水泥混凝土 28 cm,沥青混凝土 29 cm。设计寿命(为计算内部经济收益率)为 20 年。包括物理意外事故。

资料来源:由 Manzoor Rehman 基于世界银行的公开报告整理。WEWC 指西欧—中国西部国际运输走廊。

劳动力、材料和设备的价格都在上升;土地收购成本上升得更快,但是上升速度取决于地区,在每年 5%至 50%或以上不等(由不同研究所示)。熟练劳动力已处于供给短缺的状态,考虑到更多的"大型运输"项目正在规划中,短缺情况看起来将会愈发严重。

给定土地获取的制约条件(可得性下降和成本上升)、劳动力和材料成本的上升以及熟练劳动力的稀缺性增加,中国采用超前建设交通运输基础设施的模式是明智的。然而,这种方式可能对国际的、跨境的或者国家级运输走廊更加适合,而不适用于国内的、省级的或乡村公路网。

中国的发展合作怎样帮助解决非洲的瓶颈

诸如中国、印度、阿拉伯国家和巴西等非传统的双边发展融资者已经成为非洲基础设施项目的主要融资者(见专栏5.4)。

专栏5.4

南方伙伴是撒哈拉以南非洲基础设施的主导融资者

2013年的一项研究将2001—2008年间撒哈拉以南非洲的基础设施援助者或提供者进行了排名。中国排在首位,紧接着的是三个多边机构:国际开发协会(The International Development Association, IDA),欧盟委员会(European Commission, EC),以及非洲开发基金(African Development Fund, AfDF)。共有三个南方提供者排在前十位:中国、印度和伊斯兰开发银行。在对撒哈拉以南非洲的基础设施总官方援助中,中国独自占到了34%的份额,比其他任何一个北方伙伴所占份额都要高(Chen,2013)。Baker & McKenzie (2015)也支持了这个结论,他们发现中国是"迄今为止非洲基础设施的最大投资者"。

根据非洲基础设施集团(Infrastructure Consortium for Africa)的估算,基于中国的发展融资机构是最大的单一融资来源,中国仅在2013

年就对非洲贡献了超过 134 亿美元(见下图 a),而在整个研究期间则贡献了近 600 亿美元(Baker & McKenzie,2015)。在 2001—2010 年间,大多数中国的融资承诺流向了撒哈拉以南非洲的电力、信息与通信技术(ICT)及交通运输部门(见下图 b)。仅电力一项就占到了融资总额的 50%(Chen,2013)。

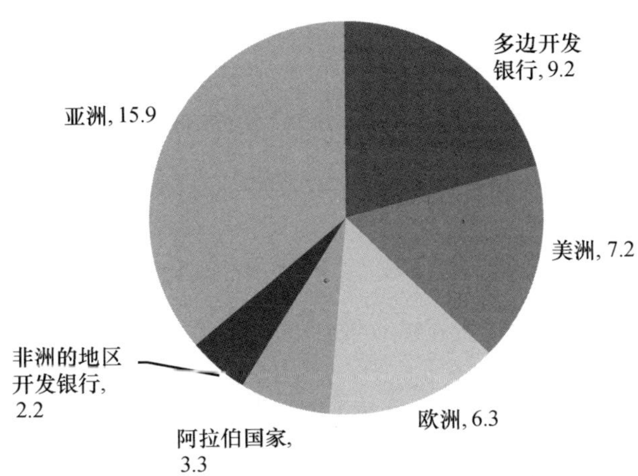

a. 非洲基础设施的资金来源(2013)(10 亿美元)

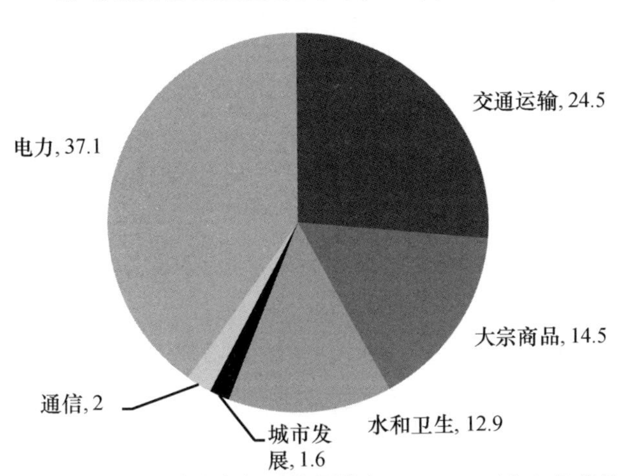

b. 发展金融机构的分部门融资承诺(2009—2014)(10 亿美元)

贝克·麦坚时律师事务所(Baker & McKenzie)南非办事处的银行和金融主管 Wildu du Plessis 说:“非常引人注目的是,中国在学习了早先经验之后,其投资逐渐演变为一种复杂的方式。随着中国‘一带一路’政策获得关注,我们正在目睹综合的工程项目被签署、融资和建设,包括尼日利亚和赞比亚耗资几十亿美元的铁路工程。”(Baker & McKenzie,2015)

资料来源:The Economist Corporate Network, *Financial Times*, November 30, 2015.

中国主要致力于瓶颈释放的部门,例如电力生产与传输。根据 Foster and Briceno-Garmendia (2010, p. 25):“国际援助者从 20 世纪 90 年代以来就忽视了电力。”与之相反,在 2001—2010 年间,中国将其一半的基础设施承诺分配到电力。Chen (2013)也发现中国已经(和正在)贡献 90 亿瓦的电力生产容量,包括已完成的、正在进行的和承诺的电力工程项目。[①] 考虑到当前 47 个撒哈拉以南非洲国家(南非除外)的整个装机容量为 280 亿瓦,这种投资的影响很可能是“变革性”的。

中国的发展合作集中于水电生产与传输,部分可归因于其明显的比较优势(见专栏 5.1)。再次重申,中国采取的方式为“做自己能做得最好的事情”。

---

① 以美国科罗拉多州的胡佛大坝作为比较,它是一个 200 亿瓦的设施,为大约 39 万个家庭生产电力(Chen,2013)。

根据《中国的对外援助》白皮书，2009年之前全部优惠贷款的61%用于经济基础设施（国务院新闻办，2011）。从2010年到2012年5月，中国批准了价值113亿美元的优惠贷款用于92个非洲项目。例如，埃塞俄比亚的亚的斯亚贝巴—阿达玛高速公路和喀麦隆的克里比深水港都是由中国的优惠贷款来融资的。中国的一些主要商业银行也已经在非洲开展了买方信贷业务，支持了加纳的电力网、埃塞俄比亚的水电站、阿尔及利亚的一条西东高速路以及其他工程项目（商务部，2013）。

这些都是中国为基础设施项目进行融资以缓解瓶颈的例子。回到这部分的标题，这些项目成功地缓解了瓶颈吗？简单回答：是的，在三分之二的情况下。附录5.1显示了2001—2010年间，168个项目中的大多数都有针对性地帮助解决了非洲在以下五个部门的瓶颈：水、电力、公路与铁路、航空运输和电信（基于World Bank-PPIAF中国项目数据库）。这些项目与瓶颈相匹配的概率达到了62.5%。当然，还有很大的更好定位与改进的空间，尤其是在供水部门。

林毅夫于2009年在世界银行发起关于基础设施的辩论

当2008年林毅夫接受他作为世界银行首席经济学家的任命时，全球金融危机正在走向白热化。在他抵达华盛顿特区的四个月后，一场全面的全球金融危机在美国爆发，随后快速传播于世界的各个角落。在认真思考了全球宏观经济形势和东亚国家的经验，尤其是中国在1997—1998年亚洲金融危机中的经验之后，林毅夫建议必须要“超越凯恩斯主义”，并且于2009年2月在彼得森国际经济研究所(Peterson Institute of International Economics)提议建立一个“全球协调一致的财政政策来投资于发展中国家的基础设施——一个全球基础设施倡议”。

他就此倡议在2009年3月由王燕主持的全球政策研讨会(Global Policy Seminar)上发表了第二次演讲。在5月美国外交关系(American Foreign Relations)的一个午餐发言中，他再次重申了这个观点，之后发表在了《哈佛国际评论》(*Harvard International Review*)上。[①] 林毅夫在几个评论文章或书(Lin，2011c；Lin and Doemerland，2012；Lin，2013)中都推动了这个想法，并与王燕一起完成了一篇论文“超越马歇尔计划：建立全球结构转型基金”(Beyond the Marshall Plan：A Global Structural Transformation Fund)，于2013年5月发表在联合国后2015倡议的一份报告中。[②]

然而，当时他在世界银行的同事对此观点反应冷淡。在一些讨论该提议的内部会议中，一些人说到基础设施应该留给私人部门，其他一

---

① 参见Lin(2009b)。

② Lin and Wang(2013)。http://www.post2015hlp.org/wp-content/uploads/2013/05/Lin-Wang_Beyond-the-Marshall-Plan-A-Global-Structural-Transformation-Fund.pdf

些则认为日本的经验已经证明投资于基础设施会导致浪费和繁重的债务负担。

在全球金融危机爆发的将近八年后,全球经济渡过了大萧条以来最为动荡的时期。虽然G20国家对扩张性货币政策做出了协调政策反应,全球经济,尤其是欧洲和日本,尚未完全复苏。在目睹了不甚理想的复苏之后,包括Larry Summers在内的越来越多的经济学家认同了投资于基础设施和全球公共品的需要。国际货币基金组织也终于承认"现在是时候该促进基础设施发展了"(IMF,2014, Chapter 3)。[①] 但是它的这个转变是不是来得太晚了?

附录5.1 中国融资的基础设施项目在接近三分之二的情况下都有助于缓解非洲的瓶颈

某些类型的基础设施是公共物品/服务和半公共物品/服务,这已是被广泛接受的事实。解决它们的瓶颈能够产生巨大的正外部性,从而对发展产生显著影响。在这个案例研究中,我们尝试使用一个三步法来回答以下问题:中国融资的基础设施工程项目是否以及在多大程

① http://www.imf.org/external/pubs/ft/weo/2014/02/pdf/c3.pdf

度上与非洲的瓶颈相匹配？一个简短的回答是，对于在2001—2010年间的168个基础设施项目而言，接近63%的项目都与瓶颈相匹配。[①]

第1步

我们利用五个来自世界银行数据库的指标来定义非洲国家的瓶颈，包括水、电、公路和铁路、航空运输以及电信。我们选择了全球金融危机前的2007年，因为投资决策都是早于五年或以上做出的。这些指标包括：

部门1=改良的水源（能够获得水源的人口比例），2007

部门2=电力消费（人均千瓦时(kWh)），2007

部门3=公路部门人均能源消耗（石油当量公斤(kg)），2007

部门4=航空运输，注册承运人的全球离港人数，2007

部门5=移动电话用户（每100人），2007

之所以选择这五个部门，是因为供水（部门1）主要是一个公共物品/服务，对于人口健康来说具有很大的正外部性，而电信是一个私人服务，部门2到部门4主要是半公共物品/服务。[②]

---

① 参见Lin and Wang(2013)，一篇联合国开发计划署关于后2015发展议程的论文。作者感谢陈传提供World Bank-PPIAF中国项目数据库，感谢辛慕榕和唐文霞所做的研究助理工作。

② 在经济学中，公共品是指该物品同时具有非竞争性与非排他性。非竞争性是指"每一个个体对该物品的消费不会导致其他个体对该物品消费的下降"(Samuelson，1954)。非排他性是指不可能排除任何个体对该物品进行消费。然而，关于什么构成了"纯粹的"公共物品与服务、半公共物品与服务，以及政府在公共物品与服务的提供或者半公共物品与服务的监管中的恰当角色，一直以来都存在很多争议。

(1) 首先,我们对这五个指标/部门中的每一个都按照从低到高的顺序进行排序,得出非洲国家 i 在部门 j 的排名,并用 $R_{i,j}$ 来表示这个排名。

(2) 接下来,我们对国家 i 中五个部门排名的名次进行比较,选出排名最后的那个部门作为该国的瓶颈1;然后排除这个已选的部门 j^*,排名次后的部门作为瓶颈2,以此类推再确定瓶颈3。

这个过程可被表示为:

$$\text{国家 } i \text{ 的瓶颈 } 1 = \min(R_{i,j}), \quad j = 1, \cdots, 5$$

$$\text{国家 } i \text{ 的瓶颈 } 2 = \min(R_{i,-j*}), \quad j = 1, \cdots, 5$$

(3) 由于一些数据缺失,我们只能使用在这些部门有数据的国家,并计算了各个指标的平均值与标准差。瓶颈部门大多都是低于指标 j 的国家间平均值的。

(4) 对于一些国家,其瓶颈不能被识别,因为①这个国家在五个部门的排名都很高(例如南非),或者②国家太小,在公路、铁路和航空运输方面没有足够的数据。

第2步

利用 World Bank-PPIAF 中国项目数据库来找到2001—2010年间,在每一个部门由中国进行融资的基础设施项目的地点与数量。总共有168个项目最初分配到了四个部门。这里我们将运输部门又分成了两个部门,铁路与公路作为部门3,航空运输作为部门4。以这种方式重新定义后,这五个部门与瓶颈数据集中的部门就完全一致了。

以上这两步由两位研究助理分别独立完成。

第3步

将以上两个数据集按照国家代码进行合并，然后查看中国融资的项目地点是否与瓶颈数据中的地点相吻合（见图A5.3）。我们还计算了项目“击中”瓶颈的概率。

- 击中三个瓶颈其中之一的概率＝（匹配数量）/总项目数量
- 击中瓶颈1的概率＝（击中B1的数量）/总项目数量
- 击中瓶颈2的概率＝（击中B2的数量）/总项目数量
- 击中瓶颈3的概率＝（击中B3的数量）/总项目数量

结果如下：

- 击中三个瓶颈其中之一的概率＝105/168＝0.625
- 击中瓶颈1的概率＝39/168＝0.232
- 击中瓶颈2的概率＝31/168＝0.185
- 击中瓶颈3的概率＝35/168＝0.208

总而言之，中国融资的基础设施项目击中瓶颈的总体概率为0.625，尽管跨部门的差异较大。基于这个结果，我们得出结论：中国在撒哈拉以南非洲国家的基础设施投资与这些国家的瓶颈匹配良好。换句话说，通过满足尚未得到满足的需求，中国对缓解撒哈拉以南非洲国家的瓶颈做出了贡献。

然而，在提高相关度或者说将供给与具体需求相匹配方面还有很大的改进空间，尤其是对供水部门的总投资相对于需求而言仍然很低，匹配率也相对更低（见图A5.1至图A5.3）。

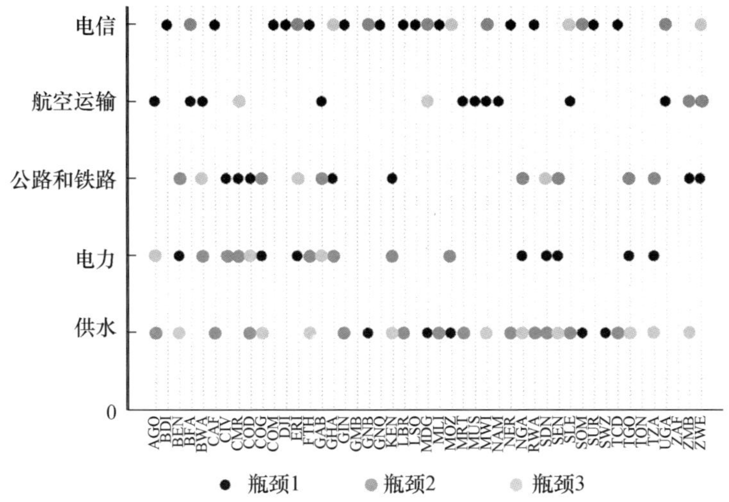

图 A5.1　非洲:各部门的基础设施瓶颈(第 1 步)

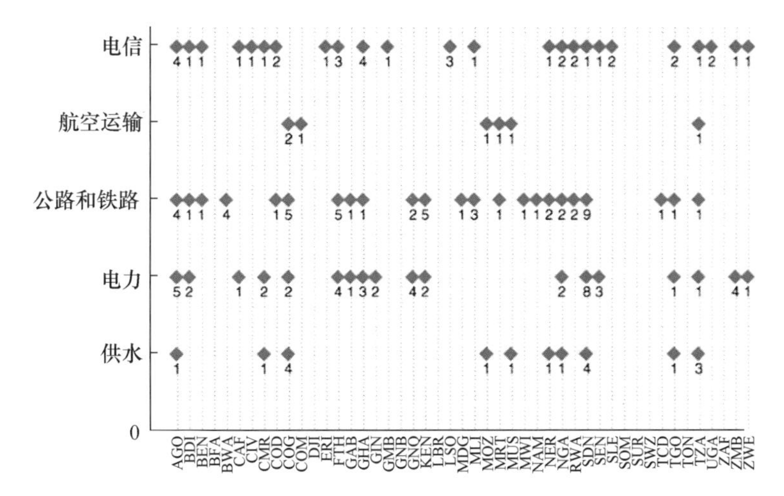

图 A5.2　中国融资的项目在每个部门中的数量(2001—2010)(第 2 步)

注:图中数字是中国融资的基础设施工程在特定的部门 j 和国家 i 的项目数量。项目总数为 168。部门与图 A5.1 中所示的部门完全一致。

资料来源:作者,基于 World Bank-PPIAF Chinese projects database。

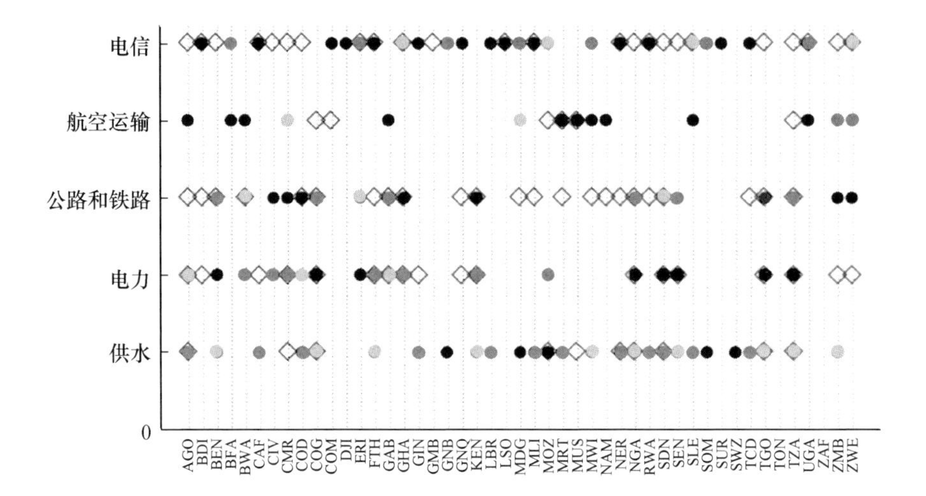

图 A5.3 中国融资的项目是否与撒哈拉以南非洲国家的瓶颈相匹配？
对于 2001—2010 年中 62.5%的项目，答案是肯定的（第 3 步）

资料来源：作者，使用国家代码合并以上两步。

第6章

中国利用其比较优势来帮助非洲的轻工制造业

CHINA USES ITS COMPARATIVE ADVANTAGE TO HELP AFRICA IN LIGHT MANUFACTURING

本章概览

巴西、中国和印度在全球舞台上的崛起为其他发展中国家创造了前所未有的机遇。中国在实现了近四十年的快速和显著的结构转型之后，能够为转型提供理念、隐性知识、经验以及发展融资与投资。

随着实际工资在中国及其他上中等收入国家的上升，一些劳动密集型轻工制造业的就业机会将会随着外向FDI迁移到其他发展中国家。从历史经验来看，任何能够成功抓住这个机遇的低收入国家，都会迎来几十年的强劲增长，从而创造就业、消除贫困，进而成为中等收入甚至高收入国家。经济特区和FDI在这个过程中扮演着特殊的角色。

韩国与中国的比较优势变化

第 4 章说明了显性比较优势(RCA)可以表示某一国家在任意时间点某种商品或产品当前所具有的比较优势,这个比较优势会随着时间发生变化。因此,有可能识别出某一参照国的一些可贸易商品,它们一直以来在国际市场上表现出色,但开始失去竞争力。这意味着一些国际市场空间或许正在为这些可贸易商品打开。换句话说,在参照国的一些“夕阳”产业,可能成为其他地方的“朝阳”产业。一旦这种变化发生,这些在参照国中的产业很可能会转移到新的地区,这些地区将提供持续的具有竞争力的条件,比如低廉的生产成本,从而对于有兴趣瞄准这些产业的国家而言,也将提供一个外商直接投资(FDI)的来源。

经济学家曾经使用显性比较优势分析的方法来解释雁阵模式和全球的产业迁移。他们发现在发展的早期阶段,后发者更倾向于从事初级产品出口和劳动密集型轻工制造业。之后随着劳动力成本的上升,它们在劳动密集型轻工制造业上的显示比较优势逐渐下降。

在第二次世界大战之前，日本曾是一个以劳动密集型产业为主的国家，纺织品及其他轻工业产品占到其出口的60%—75%。但情况在战后开始发生变化。到了20世纪60年代，当日本的人均GDP占到美国人均GDP的35%时，日本瞄准了一些从美国转移出来的资本密集型产业。历史的劳动统计数据显示，劳动力份额在日本制造业部门中的上升恰好与在美国制造业部门中的下降相吻合。在70年代，日本在诸如服装、鞋类等劳动密集型产业中的显性比较优势急剧下降，而在重工制造业部门中的显性比较优势开始上升，尤其表现在机械和汽车行业。在80和90年代，正当美国升级其产业的时候，日本在家用电器、电子及计算机方面获得了市场份额。在韩国也观察到了类似的雁阵模式(Chandra, Lin, and Wang,2013)。图6.1展示了60到80年代，韩国在服装、鞋类和纺织行业等劳动密集型部门拥有较高的显性比较优势，但这种显性比较优势在1989年后开始下降，而在2000年后，韩国在运输设备上的显性比较优势开始上升。

中国当前所处的阶段就好比西方国家和日本在20世纪70年代，以及韩国和新加坡在80年代所处的阶段那样，在一些劳动密集型部门的显性比较优势逐渐下降(见图6.2)。随着劳动密集型产业的成熟，工资不断上涨，企业也向着技术更为复杂、与禀赋结构升级相符合的产业转移。中国的劳动力成本正在急剧上升，例如，从2005年的平均每月150美元上升到了2012年的平均每月500美元，再到2013年部分沿海地区的600美元以上(平均年增长率为15%，加上平均近3%的货币升值)。

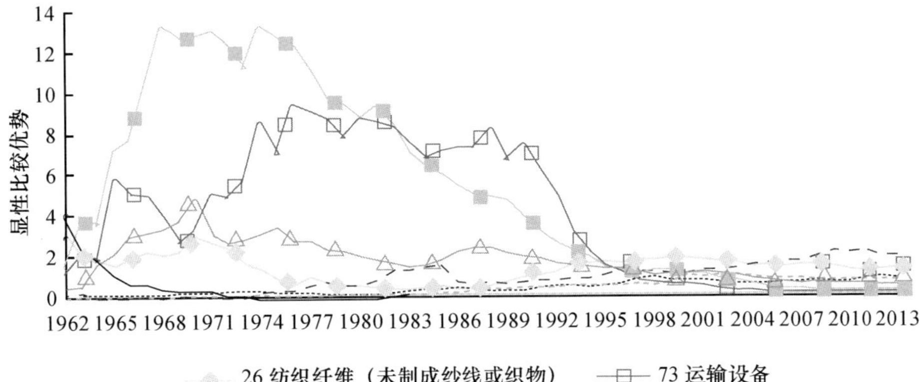

图 6.1　韩国显性比较优势：在劳动密集型部门的下降（1962—2013）

注：RCA＝一个产业在一个经济体的出口中所占份额 /该产业在国际出口中所占份额。

资料来源：作者的计算，基于 UN Comtrade 数据，SITC Rev. 1 的 2 位码。

越来越多的中国企业面临着寻找低成本地区的压力，它们正在向内陆或者国外迁移。据估计，中国有 1.24 亿制造业工人，大多数都集中在劳动密集型部门(8 500 万)，作为对比，日本在 1960 年拥有 970 万，韩国在 1980 年拥有 230 万制造业工人。中国的制造业正在向更加复杂和具有更高附加价值的产品与任务进行升级，这将会为劳动力充足的低收入国家创造机会，让它们能够生产被中国所淘汰的劳动密集型轻工制造业产品(Lin，2012d；Chandra，Lin，and Wang，2013)。

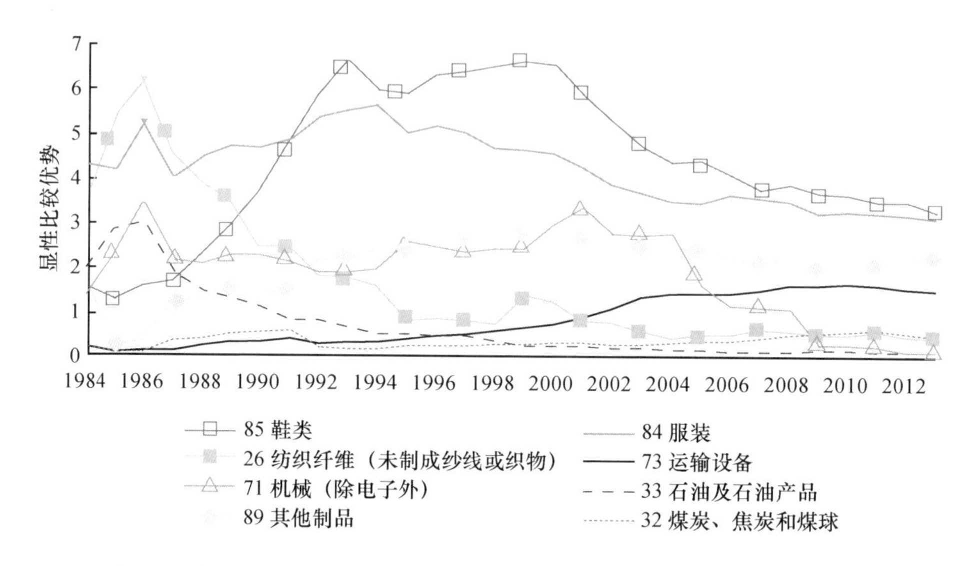

图 6.2　中国的显性比较优势:在劳动密集型出口部门的下降(1984—2013)

注：RCA＝一个产业在一个经济体的出口中所占份额/该产业在国际出口中所占份额。

资料来源：作者的计算，基于 UN Comtrade 数据，SITC Rev. 1 的 2 位码。

经济特区或者工业园区

工业园区可以促进结构转型这个观点已不再新鲜。经济学家们已强调了工业园区或特区可以利用动态规模经济，减少搜寻、学习和交易的成本（Arrow，1962；Greenwald and Stiglitz，1986；Krugman，1991；Stiglitz，1996；Aoki et al.，1997；Lin and Monga，2011）。经济特区或工业园区所充当的角色已被新兴市场，尤其是东亚国家的成功经验所证

实。特别地,投资于经济特区能够:

- 在一个地理上相对集中的区域整合公共服务。
- 改善用于基础设施的有限的政府资金/预算的效率。
- 促进集群发展或某些行业的集聚。
- 通过向员工与海外科技人才提供有利的生活条件来推动城市化发展,并且通过聚集服务来诱发环境服务的规模经济。
- 通过促进绿色增长与环保型城市来刺激就业与创收,以及潜在地促进环境的可持续性(Lin and Wang,2013, p.14)。

一些国家,尤其是发展中国家,不能一次性地建立起商业基础设施。它们拥有很少的资源和较低的实施能力,也只拥有有限的政治资本来维护针对既得利益集团及其他政治反对派的政策与改革。这种情况需要有针对性地进行干预或者引领,尤其是在初级阶段。

工业园区或者经济特区的基本概念很简单。它是一个地理上的划定区域,通常有围墙保护。它拥有统一的管理与行政,为身处其内的投资者提供收益。它有单独的海关区域(免税福利)和精简的流程(World Bank,2008)。此外,园区和特区通常能够在比该国普遍制度下更为宽松的经济法规下运营。一般而言,园区或特区会带来两种类型的收益:一种是“静态的”经济收益,例如就业创造、出口增长、政府收益和外汇收入;另一种是“动态的”经济收益,例如技术升级、技术转让和创新、经济多元化以及当地企业生产率的提高(Zeng,2010)。

尽管取得的结果好坏不一,新兴特区的数量从20世纪80年代中期开始迅速增长，尤其是在发展中国家更为突出。例如，据国际劳工组织（International Labour Organization，ILO）的经济特区数据库报告，在1986年，共有176个经济特区分布在47个国家，而在2006年，共有3 500个经济特区分布在130个国家（Boyenge，2007）。非传统的经济特区不同于出口加工区，它们在东亚国家的崛起以及对出口导向型增长的成功推进可部分归因于一个贸易与投资全球化的时代，这个时代开始于20世纪80年代，并且由制造业分割成地理上分散的全球生产网络所驱使，在90年代和新世纪初期得到加速。

通过特区来促进贸易与投资

自20世纪70年代起，东亚和拉丁美洲就开始设计经济特区，以吸引跨国企业来对劳动密集型制造业进行投资。对于那些放弃进口替代政策并通过出口导向型增长政策来融入全球市场的国家，经济特区已成为其贸易与投资政策的基石。

• 中国利用其经济特区，尤其是深圳，作为经济改革的试验田，因为在全国范围内采取这种改革在政治上有很大风险（Zeng，2010）。对深圳特区引进的大刀阔斧的改革包括：废除价格管制，引入第一份带有养老保险和劳动保险的劳动合同，对国有企业进行私有化，以及对外资开放银行系统。最近，政府还在深圳进行人民币完全浮动的试点（专栏6.1列举了中国支持的非洲经济特区案例）。

• 几十年来，毛里求斯利用经济特区体制作为其改革的保障，它引入劳工改革并逐渐将经济重心从进口替代转移到出口促进（Baissac，2011）。凭借其最近的"免税岛"倡议，曾经仅限于经济特区内部的改革现在扩大到了整个国家。

• 刚果民主共和国和肯尼亚正在利用近期的经济特区立法草案来拟定法律条款，重点关注采矿、农业、信息与通信技术部门，因为传统的针对出口加工区的立法是出口导向的，以轻工制造业为核心，所以不涉及对这些领域的监管（Zeng，2015）。

利用工业园区或经济特区来刺激绿色可持续发展

对于工业园区和经济特区的可持续性，考虑超越经济效益的社会与环境效益是很重要的，因为随着时间的推移，所有这些方面都是相互交织的。如果某些项目不能提供优质的就业机会，不能让训练有素的员工得到晋升，或者不能解决女性员工所特别关注的问题，那么它们就不太可能持续性地获得成功。这些项目需要重视社会与环境的合规问题，建立明确的标准，并实施有效的监测与评估系统。这些项目也可以用来促进创新的绿色产业。中国和印度已经制定了绿色特区的指导方针与政策，而许多其他国家（包括韩国和泰国）则重点关注生态工业园区的系统开发（Yeo and Akinci，2011）。

利用工业园区或经济特区来促进FDI与当地经济的联系

经济特区经常被批评为“飞地”,因为其运行独立于整个国民经济。在国内经济监管环境与约束之外运行对其设计与诉求来说是根本性的,但这也是一个固有的弱点,因为它限制了乘数效应,抑制了技术与知识的溢出效应,并且阻碍了FDI的扎根。在经济特区项目设计的前期,重要的战略与决策能够对建立园区和特区与当地经济联系的机会产生显著影响。这些战略与决策(相对于其他领域来说)关系到战略/部门重点、对国内企业参与的鼓励、贸易政策以及进入本地市场的机会(Farole, Baissac, and Gauthier,2013)。[①]

专栏6.1

中国支持的非洲经济合作区:一些例子

中国政府已在非洲支持了六个经济特区或工业园区(Brautigam and Tang,2013)。但其他很多园区,包括以下讨论的两个案例,都是由私人部门发起并作为主要融资来源。对特区的基础设施投资是与制造业企业的集群发展紧密相关的。

① 韩国的马山自由贸易区为促进特区—本地经济联系提供了一个成功的案例。

尼日利亚一个具有较强地方联系的企业园　越美集团是一家中国的私营纺织品企业，在尼日利亚投资并帮助当地价值链的发展。按照其“农村住户加公司”(rural households plus the company)的模式，该集团在当地住户中安装了超过4 000台织布机，提高了居民的收入。2008年，越美集团投资建设了一个纺织工业园区。经过了第一阶段的建设，该园区在2009年吸引了五家企业进驻，创造了1 000多个就业岗位。

埃塞俄比亚：东方工业园(The Eastern Industrial Park)，一个商务部批准的园区　江苏永元集团是该园区的创始者和投资者，并接受了中非发展基金所提供的一些资金。2007年开工，一座占地5万平方米，拥有水、道路及电力供给设施的标准厂房现已完工。当我们在2013年进行参观时，11家中国企业已经签署了进驻意向书，将有9 100万美元投资于建筑材料、钢铁产品(钢板和钢管)、家用电器、服装、皮革加工及汽车装配等产业。其中一家企业，华坚鞋业集团，创造了将近3 500个本地就业岗位，并且正在使用本地的皮革来生产并出口鞋。现在，该园区拥有100%的进驻率，并且获得了政府的大力支持。该国的其他地方也正在建立类似的工业园区或特区。

资料来源：作者。

在非洲的中国投资和企业家

中国的外向FDI在2015年达到了顶峰，总额为1 280亿美元，但只有很少一部分（低于总额的3%）的资金流向了非洲（商务部，2016）。45%的中国外向FDI来源于私人部门。在非洲的很多地方都随处可见中国企业，它们广泛分布于各个行业，包括服装、鞋业、皮革制品、食品加工等（Shen，2015）。

基于中国本国数据，“近年来，中国的私人企业在非洲表现非常活跃，它们的累计项目数量从2005年的52个增加到2013年的1 217个，占当前中国在非洲大陆所有外向FDI项目的53%”（Shen，2015，p. 87）。“就投资部门而言，私人投资和政府投资之间形成了鲜明的对比。前者主要集中于制造业和服务业，而后者则集中于建筑业和采矿业。”（Shen，2015，p. 88）

但是Shen（2015）发现：

• 基于东道国政府数据，商务部的统计数据大大低估了中国的外向FDI的总规模，实际外向FDI是官方数据的3倍。

• 私人部门——通常是中小型私人企业——占了中国对非洲FDI的55%。

• 制造业占了中国私人投资的大部分。基于东道国政府数据，中国私人投资大量集中于劳动密集型制造业，占到非洲六个国家投资项目总量的44%，紧随其后的是服务业(见图6.3)。

- 中国的投资创造了就业。非洲领导人对此表示感激，但他们也表达出对“技术转让不足”和“语言与文化障碍”的担忧。

Shen(2015)还发现中国企业进入非洲是因为中国国内市场饱和，以及非洲劳动力成本更加低廉，尽管由于基础设施差距和安全问题使得在非洲经营比较昂贵。

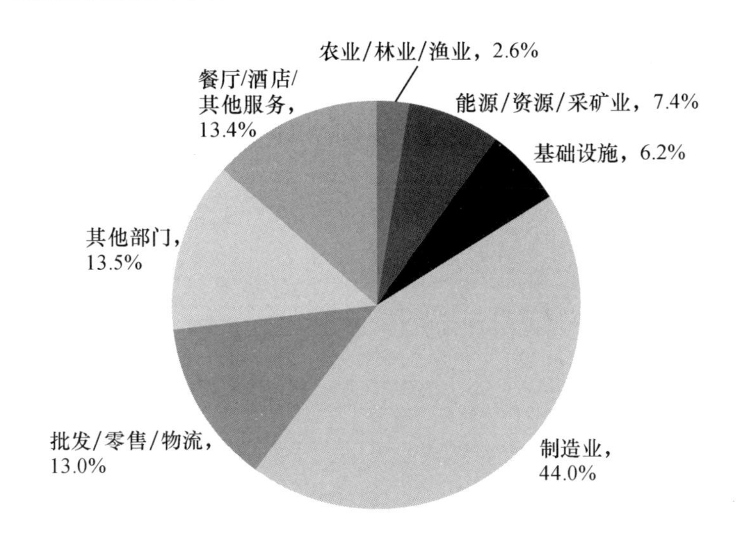

图6.3　中国在非洲六个国家的投资

注：使用东道国政府数据。

资料来源：Shen(2015)。

中国在埃塞俄比亚皮革加工价值链中的参与[①]

从2010年到2015年，埃塞俄比亚的皮革加工与皮革制造得到了越来越多来自中国的投资。中国的投资者建立了大型制革厂（来加工皮革），同时也从中国迁来了新的鞋厂和手套厂，极大推进了埃塞俄比亚的制造业发展。起初，制革厂与制造商几乎没有互动，它们对当地经济的影响似乎也是相背离的。但长远看来，它们很可能会相互补充，推动皮革加工的整条价值链发展。

埃塞俄比亚被认为是非洲拥有牲畜数量第二多的国家。埃塞俄比亚的羊皮以其高品质而著称，在国际市场上有很高的需求。中国成为该国皮革日益重要的出口市场，它对中国的皮革出口从2000年的2%上升到了2010年的31%（UN Comtrade，2015）。但是面临对高品质埃塞俄比亚皮革的竞争，五个中国皮革企业在埃塞俄比亚建立了制革厂来确保获得供给。两个印度的和一个英国的皮革制造企业也在埃塞俄比亚进行了投资。

起初，所有中国制革厂的加工皮革都主要出口到了中国，这种出口受到埃塞俄比亚政府的鼓励，因为其渴望赚取外汇。中国市场的重要

① 由唐晓阳、Deborah Brautigam和Margaret McMillan完成，基于2012—2015年的实地调研，得到“低收入国家的私人企业发展”（Private Enterprise Development in Low-income Countries，PEDL）项目资助。

性不断增长，在埃塞俄比亚2013年的皮革出口中占到了58%（UN Comtrade，2015）。此外，一个中国制革厂，Koka Addis，开始向一个中国的制鞋企业华坚集团供给皮革，该集团之前已在埃塞俄比亚建立了工厂。

由于国外制革厂最初的兴趣是获得原材料，它们本来是计划出口半加工皮革（蓝湿革）或未完成品皮革（坯革）。然而政府先后在2008年和2011年改变了政策，首先对蓝湿革后来对坯革征收150%的出口税，迫使所有埃塞俄比亚的制革厂升级了设备。由中非发展基金入股的中非海外制革厂（China-Africa Overseas Tannery），就花费了近2亿元人民币（3 300万美元）购买了先进的加工设备，并声称是在埃塞俄比亚加工多种皮革的头号企业。

然而，一些中国投资者并不情愿转向成品皮革的出口。他们解释到，他们出口的部分皮革一般都会由国内的企业进一步加工，以应对市场需要。在埃塞俄比亚完成皮革加工提高了他们的成本，也减少了产品对客户的吸引力，因为这些客户追随最新时尚，需要快速反应与新的设计，但是埃塞俄比亚成品皮革的款式与颜色可能使他们不能达到这种要求。正如一位制革厂主所讲："风险很高，因为成品皮革并不与市场接轨。成品皮革需要花太长时间来赶上市场。而皮革的颜色与款式不总是能够与市场相吻合。例如，棕色有许多种色调。皮革之间很小的一点差异就可使其滞销。最终产品需要让客户能够灵活地与市场进行接轨。”[①]埃塞俄比亚成品皮革的质量也被认为是较低的,这归因于不发达的设施、技能及化学用品。

中国制革厂与埃塞俄比亚制革厂之间的互动非常缺乏。一些当地的制革厂对中国投资者持有负面看法,认为中国投资者主要就是对获取埃塞俄比亚的原材料感兴趣,而不是为当地增加价值,而且他们还抬高了价格。在当地人看来,中国及其他外国制革厂并没有给埃塞俄比亚带来真正先进的加工技术。相对而言,中国制革厂认为自己在市场联系与理解客户需求方面更加擅长,但认为当地制革厂有更好的渠道来获取原料皮。

中国企业是同时而又各自独立地参与到了埃塞俄比亚的皮革生产制造业中。截至2015年1月,来自大中华区(包括中国香港和中国台湾)的三家中等到大型企业在此建立了生产基地。最大的一家是华坚集团,它是中国南方的一家主要制鞋公司,在埃塞俄比亚投资了3 000万美元并雇用了3 400名工人,其中96.5%是埃塞俄比亚人。另外两家分别雇用了1000与800名工人。一家英国企业和一家德国企业也将其在中国的手套工厂迁到了埃塞俄比亚,它们都请来了中国的技术人员来培训埃塞俄比亚的工人。

鉴于劳动力成本在中国的急剧上升,中国的生产商主要被埃塞俄

① 张建新(音译),Koka Addis制革厂的所有者,莫焦,埃塞俄比亚,2015年1月。

比亚成本低廉的劳动力所吸引。一些厂商也将丰富的皮革供给视作一个优势。2011年,华坚集团在中国拥有24 000名工人。平均月工资为2 000至3 000元人民币(300至450美元),而埃塞俄比亚工人每月只能赚到600比尔(35美元)。华坚集团董事长在2011年10月第一次访问了埃塞俄比亚。仅三个月后,该集团就在由中国运营的东方工业园开设了第一家工厂,雇用了600名工人并开始出口。新翼(New Wing)集团是一家香港公司,在内地拥有两家鞋厂,它在2011年5月在埃塞俄比亚购买了一家工厂,并于2011年9月开始运营。

员工培训对这些劳动密集型制造商的成功是关键性的。华坚集团有一个宏伟的培训计划。在2011—2015年间,华坚派出了三组约100名埃塞俄比亚工人到中国进行了为期3个月至1年的培训。其他国外鞋厂和手套厂带来了4到60名中国技术人员对当地工人进行培训。两到三年后,埃塞俄比亚的工人接管了大部分的生产,但是仍然需要中国的技术人员来处理复杂的任务和进行质量控制。然而,由于在埃塞俄比亚的工厂不能保证稳定一致的质量,所有企业都计划保留其在中国的工厂,用以制造高端产品。它们的埃塞俄比亚工厂将用来制造中低端产品。

中国的制鞋企业将其100%的产品都出口到美国与欧洲,许多埃塞俄比亚人对这些企业抱以积极的态度。例如,当地的制鞋企业对中国工厂巨大的生产规模印象深刻。一家埃塞俄比亚工厂的经理回忆到:“当我访问华坚时,我看到他们大规模地运行,感到非常震惊。那是一支军队般的工人队伍。所有人都在叽咯叽咯地(缝纫等工作),简直不可思议!埃塞俄比亚人不习惯那样做。我们做不到。这是我们第一次看到这种情景。"①

在2012年,华坚集团执行董事曾预计在当年年末能够实现盈亏平衡。华坚集团创始人张华荣先生声明他的埃塞俄比亚工厂在2012年实现了盈亏平衡,并在2013年获得了高于10%的利润。②(受制于运输与物流方面的瓶颈,新翼曾在不到40%的生产能力下运行。)他打算将更多的生产能力转移到埃塞俄比亚。"我们在中国东莞的工厂每天制造1万双鞋,现在每天只制造5 000双,我们希望未来能够每天只生产1 000双,因为(工人的)成本太高了。"他说许多美国和欧洲的顾客仍然不接受非洲制造的鞋,但是"当他们接受的时候,我们已经准备好了。"③

这些制造商大多数都扩张到了供应链的上游。新翼已在埃塞俄比亚建立起了自己的制革厂并生产鞋底与鞋盒。新到来的乔治公司(George Co.)是一家中国台湾的制鞋企业,它也计划建造一个制革厂。英国的手套制造商Pittards有自己的制革厂来供应全部所需的皮革。对于皮革产品企业来说,向上游部门移动是由当地供应不足所引起的。正如新翼的经理所说:"(当地)没有哪个制革厂能够生产出我们所需的各个种类。"华坚建立了一个工厂来生产鞋底及其他鞋材料;从2014年

---

① 采访,Girma Ayalew,Fontanina副经理,亚的斯亚贝巴,埃塞俄比亚,2015年2月。

② 与林毅夫的私人会谈。

③ 采访,Renzo Bertini,新翼制鞋厂经理,2015年1月。

起，它的皮革供给100%都来自埃塞俄比亚的制革厂。一个由Koka Addis所有的制革厂近期也成为它的供应商。Koka Addis的所有者有信心，认为自己一定能够在与当地制革厂的竞争中胜出："我们更擅长提供服务，我们能够控制色差和质量不稳定性……华坚已催促我获取机器来更多地为其供应。"[①]

对于华坚，企业的成功看起来可归功于：

• 埃塞俄比亚最高领导的大力支持与承诺，让投资者看到政府在帮助降低交易成本方面的意愿，增强了投资者的信心。

• 当地价值链和配套产业在援助者与联合国专门机构，例如联合国工业发展组织（UNIDO）的协助下得到发展。

• 吸引了中国的劳动密集型行业之一，该行业在中国成本更高。

• 利用了埃塞俄比亚所具有的高质量皮革和廉价劳动力的比较优势。

• 遵循了原始设备制造商（original equipment manufacturer，OEM）的方式，它促进了学习、隐性知识传递及能力发展。它也很好利用了贸易协定，例如美国的《非洲增长与机遇法案》（African Growth and Opportunity Act）和欧盟的"除武器之外的所有商品"（Everything but Arms，EBA）倡议。

综上所述，埃塞俄比亚皮革加工与制造部门的大量中国投资极大

---

① 采访，张建新（音译），Koka Addis制革厂的所有者，2015年1月。

地转变了当地的产业结构与习惯做法。它们带来了资本、技术、隐性知识、管理技能以及与该国的市场联系。虽然单个的企业面临一些障碍，国际上游和下游企业的到来能够帮助解决供应链上的关键瓶颈。鼓励当地纵向联系的政策也会吸引更多的中国投资者将其生产转移到埃塞俄比亚。

中国对撒哈拉以南非洲在纺织与服装部门的投资[①]

在雁阵模式下，经济学家预期纺织与服装部门将促进非洲的工业化。中国企业在非洲这些部门中的参与尤其令人关注，因为它们是世界经济的主要参与者，并且具有帮助塑造非洲大陆工业化的潜力。

中国在服装制造部门的投资主要集中在南非、莱索托、斯威士兰和博茨瓦纳。有些投资者来自中国台湾，他们早在20世纪70年代就在这个地区开展了业务。这些中国台湾企业招聘了来自中国大陆的技术人员，而这些技术人员中的许多人后来也自己开办了工厂。随着中国经济的增长，越来越多来自中国的投资者进入了非洲南部，通常形成了产业集群来分享信息、建立关系和寻求业务。在更为成熟的集群中，他们找到了机械销售代理和华裔技术人员。

当非洲政府提供丰厚的财务激励来鼓励外国投资者从事出口业务

① 基于唐晓阳(2014)，以及来自采访的更新。

时,在非洲南部的中国生产商曾将服装出口到欧洲和美国的市场。但是随着税收优惠期的结束,多数中国企业放弃了出口业务。正如埃塞俄比亚的案例,主要原因是这两个市场的客户对质量和交货周期有严格的要求,这是非洲的工厂所不能够保证的,有些制造商甚至不得不为违约而支付巨额罚金。其他问题——例如劳工冲突、设备缺乏、出口过程烦琐以及当地的工业供应商不足——则极大地提高了交易成本,并使得他们的工厂不能与设在中国及其他亚洲国家的工厂相竞争。

多数在非洲的中国服装制造商仍然几乎全部把他们的产品出售到南非市场。在南非的主要零售商已经采用了一种快速时尚商业模式(fast-fashion business model),要求一周内对时尚变化做出反应。当地的供应商与从亚洲进口相比具有较短交货周期的优势,使其能够在这个利基市场中生存。几百个来自中国大陆和中国台湾的私人投资者都在经营剪裁、制造和精修,或者剪裁、制造和包装的工厂。它们都是小型企业,平均只有100至200人,仅需很少的资本(少至2万美元)就可以开办。它们能够很容易地迁移到生产成本更低的地方。

然而中国JD集团是一个巨大的服装制造商,它于2011年在坦桑尼亚设立了一个长期的生产基地。它的动机是不同的。在2005年,感受到了生产成本上升的压力之后,它在柬埔寨建立了工厂,那里现在共有13个厂房,雇用了2万多名工人。但是那里的平均工资已经由每月40美元上升到了每月150美元。于是该公司与它在美国(其主要市场)的客户开始搜寻新的生产地点。

该集团来到坦桑尼亚是通过一个在达累斯萨拉姆的旧援助项目，Urafiki纺织有限公司。坦桑尼亚稳定的政局，与中国良好的关系，以及一个新的经济特区，都帮助CEO做出了决定。他于2011年5月进行了首次访问，在这之后的一年内，该集团就在达累斯萨拉姆开设了第一家工厂。截至2014年8月，该工厂雇用了1 300名当地的工人。第二家工厂也于2015年10月落成，雇用了2 500名当地的工人。所有产品都出口到美国市场。

第一家工厂更多的是作为一个试验。这个试验将会很快被用来开设更多工厂，就像该集团在扩张前先在柬埔寨站稳了脚跟。来自集团坦桑尼亚分部的王文平(音译)说："当我们建立一个拥有1万名员工的工厂时，这不可能是一个短期的投资。我们希望至少坚持20到30年。"①

所有在非洲的中国服装制造商都面临一个主要瓶颈，即面料与辅料的供应，所以多数都是从中国进口，提高了成本和运营难度，并引发生产延误。在撒哈拉以南非洲，只有少数几个纺织厂为服装生产面料，它们不能达到规模经济。而与之相反，在中国的中国工厂经营着纺织品和服装生产的完整价值链。凭借大量的纺织厂和许多辅料供应商，它们便能够在合适的价位上为服装制造商供给其所要求的数量与品种。

看到了这个缺口，几个来自中国大陆和中国台湾的企业在非洲设

① 采访，王文平(音译)，中国JD集团坦桑尼亚分部，达累斯萨拉姆，2013年8月。

立了纺织厂，包括坦桑尼亚的 Urafiki 和南非的 Taiyuan。然而它们的表现并不尽如人意，主要归因于当地工人的低生产率和不稳定的电力供应。Taiyuan 的 CEO 表示出了对这一投资项目的后悔："如果我们之前做了更好的调查，就不会选择在这里投资了。"[①] 中国 JD 集团有未来几年内在坦桑尼亚扩张织造与印染业务的计划，因为该公司在中国的业务覆盖了纺织加工。但是王文平也很谨慎："一个纺织厂需要大量设备。所需的投资额是巨大的。我们并不急于立刻展开所有的计划。我们应当一步一步地去做。"

在 2013 年和 2014 年，随着三个纺织厂和一个服装生产商进驻到了中国运营的一个工业园区，一个小规模的中国纺织与服装集群在埃塞俄比亚出现了。然而它们并没有相互协调，而是偶然地几乎同时做出了投资决定。中国上升的工资与环境标准推动了纺织品制造商去寻求海外成本更加低廉的制造空间，同时埃塞俄比亚政府的支持与激励也吸引了它们。

这些企业主要瞄准了埃塞俄比亚和东非区域的市场。它们全部都只生产涤纶织物与服装，这在技术上要求不高，并让非洲消费者更能负担得起。自运营以来，销售一直都前景良好，但是企业在生产方面碰到了许多意想不到的问题：清关延误、当地工人频繁请假、不专业的服务供应商。一个工厂主将自己在埃塞俄比亚的经验概括为："只要人们能

---

① 采访，Taiyuan 纺织厂的 CEO，雷地史密斯，南非，2013 年 7 月。

够制造出产品，他们就能够赚钱。”①

在非洲的其他地方也能够分散地找到中国的纺织品与服装投资，主要由中国的产业升级所驱使。然而并不是所有的非洲国家都能从这种迁移中获益。中国的投资者只会被吸引到某些国家，这些国家的政府承诺为投资者提供一个合理的商业环境。国内与国际市场准入、有效运作的基础设施、政治稳定性、财务激励以及其他要素都将影响中国投资者对目的地的选择。此外，各国政府需要加强外国工厂与本地供应商的联系，使它们能够扩张并在非洲长久驻足。

① 采访，Kaipu纺纱厂的所有者，杜克姆，埃塞俄比亚，2015年1月。

第7章

转型的有效性：“速赢”的秘诀

EFFECTIVENESS FOR TRANSFORMATION:
THE SECRET FOR QUICK WINS

本章概览

发展是一个充满未知和风险的复杂过程。本章通过提出“什么是有效性”(what is effectiveness)以及“有效地做什么”(effectiveness for what)这样的问题来讨论发展的有效性。

南方的援助提供者也面临着一条陡峭的学习曲线:它们也遭受着各种问题的冲击,包括对发展思路的理论化不足,缺少提供援助背后的明晰理念,对外援助法律法规的缺失,以及与援助和投资相关的条款和条件缺乏透明度。

当讨论“援助有效性”时,我们必须思考“有效地做什么”的问题。尽管南北合作伙伴就援助有效性问题举行了几次国际会议,对南方合作伙伴的意见采纳失衡的现象依旧存在。就每种方式的不足或无效性所进行的坦诚讨论和思想交流确实可以促进相互学习和理解。从结构转型的角度来看,“启动”一个低收入经济体最有效的方法就是瞄准该国可能有潜在比较优势的部门,以及通过吸引成功新兴经济体的外向FDI来利用“后发优势”。“增长甄别与因势利导”(GIF)框架描述了瞄准和实现“速赢”的创新性方法,并且这样的“速赢”对于经济转型来说是有效的。

非洲国家元首和政策制定者已强调了中国参与到非洲发展中的重要性，包括为非洲提供新的理念、另一种发展“模式”以及充当与其他援助者谈判时的一个新的筹码。他们注意到中国的贸易和投资对非洲的经济增长所做出的贡献，欢迎中国对非洲发展的持续性支持。他们也很赞赏中国的相互尊重、互不干涉内政的外交原则，以及中国对于基础设施和制造业直接投资的重点关注，从而为长期增长消除瓶颈和培养能力。①

非洲官员也欢迎中国参与到非洲的基础设施建设中，既作为一个良好实践的例子，也作为资金和能力建设的来源。但他们也表达出了不满，主要体现在政府资助的商业交易条件方面以及中国发展合作活动方面的透明度不足，进而要求援助及捐赠合作具有更高的可预见性和稳定性。为了使非洲国家在与中国及其他新兴援助者的关系中具有充分决定权，在援助水平和贷款条件方面，非洲国家需要拥有更完整的

① 一些评论者也提出中国的方式“带来了所有权与自力更生”(Manji，2009，p. 7)。

信息。为了避免重复过去的错误，非洲的发展合作伙伴，尤其是新兴市场的合作伙伴，则需要更加开诚布公地宣传其援助项目，包括多年来从与非洲往来中所学到的经验与教训。

中非合作论坛（The Forum of China and Africa Cooperation，FOCAC）一直在努力实现这一点。该论坛自 2000 年以来举办了六次。在 2015 年 12 月 4 日和 5 日，习近平主席在南非约翰内斯堡举行的第六届论坛上发言，提出促进非洲发展的十个主要计划，包括结构转型、产业升级、南南学习及能力发展。他还提到三年内 600 亿美元的投资承诺（是 2012 年承诺的三倍），包括 50 亿美元的赠款和无息贷款，350 亿美元的优惠贷款和出口买方信贷，其余为商业融资（见附表 7.1）。这些提议受到了非洲领导人和伙伴的热烈欢迎。那么，该如何克服中国南南发展合作中的弱点并提高发展的有效性呢？

改善中国南南发展合作的四个步骤

中国面临着一条陡峭的在国际发展合作方面的学习曲线。非洲政策制定者提到中国缺少对外援助法律和立法决策；缺少一个独立的援助管理机构；跨部门和跨机构的协调不足；缺乏透明度；中国的合作、援助及投资提供者的能力参差不齐。当然，这些问题不仅仅存在于中国：在已有的和新兴的援助与合作提供者之间进行更好的思想交流对双方都有好处。

第一项挑战是中国南南发展合作项目的透明度不足:官方的项目数据很难获得。《中国的对外援助》白皮书的出版(国务院新闻办,2011,2014)以及一系列关于中非经济贸易合作的书籍的出版(商务部,2013及其他年份)是朝正确方向所迈出的步伐。但是政府需要更加开放和主动地提供更好的数据,并使法律法规更加明确。这也会增加中国政府对国内纳税人与国际发展社会的责任感。

因为中国没有针对对外援助的法律框架,也没有独立的援助机构,所以公民很难参与到对外援助的决策中,中国官员也很难被追究责任,而国际组织和政府也很难就国际发展或融资问题进行合作。在我们看来,一部对外援助与合作的法律以及一个独立的援助机构应该是政策制定者所要优先考虑的事项。亚洲基础设施投资银行和新开发银行也会对当局带来压力,使其不仅要优先考虑如何管理这些机构,同时还要审查总体的合法性及法律规范下的对外援助的治理。

第二个担忧是“捆绑式援助”以及技术扩散与溢出效应的不足。至少一半的中国援助是与中国企业提供的商品和服务相“捆绑”的,OECD-DAC成员已同意自1995年起逐步放弃这种方式。(捆绑式援助是指援助的提供与援助国的企业相联系,而不是通过国际竞争性招标,会增加成本并降低效率。)[①]但中国的经验表明,捆绑式援助有助于促进

① 例如,参见Morrisey and White(1996)。

“干中学”，即通过实施项目来学习。在20世纪80和90年代，中国大多数的援助者融资项目属于捆绑式援助，中国的工人和项目经理从中学习并受益匪浅(Wang，2011a)。实际上，“从实施援助项目中学习”是中国企业在建筑工程中具有很强竞争力的原因之一。

新的开发银行(亚投行、金砖银行)将根据其章程协议条款，对竞争性招标、采购、社会与环境标准都施行国际最高标准。它们的公司治理将作为一个范例和一个“压力机制”，作用于所有来自中国和其他新兴市场的机构投资者和公司。在这个意义上，国际竞争有利于援助的有效性。

第三个担忧是，中国的援助与合作项目似乎没有在非洲当地创造出多少就业机会。许多非洲官员担心中国的工人将会取代当地工人。尽管数据需要逐案进行讨论，但是对由中国融资的经济基础设施所带来的间接就业一直研究不足。[①]

第四个担忧是关于劳工和环境标准以及中国企业的惯例。一些中国企业还没有完全遵守所在国国内的法律法规，为此需要对它们进行更多的教育和培训。这些企业也应由东道国政府进行检查和评估。当地政府监管机构、国会议员、非政府组织、媒体、公民社会及国际社会所充当的角色非常重要，能够激发合作伙伴采取理想行为，并且在必要条件下，制裁违规者。中国政府应该更用心地倾听发展合作伙伴的声音，

---

① 例如，参见Weisbrod and Whalley(2011)。

鼓励企业履行它们的企业社会责任，并与当地社区与民间社会组织紧密合作。学习的一个重要部分是对开发项目有一个更好的结果框架、更好的社会和环境保护措施以及更好的监测和评估系统。

我们建议建立一个对发展领域中的所有合作伙伴和企业进行国际评分和排名的体系。该体系采用与包容性的和可持续性的结构转型相一致的评判标准。评分或排名标准应该涵盖数量、质量、相关性与功效，以及有效性、包容性和可持续性。

在我们看来，合作伙伴与企业所实施的项目具有以下特征的应被给予更高的分数：

• 释放发展瓶颈、促进集群发展以及各种工业和服务业产业集聚的项目。

• 与可再生能源、绿色科技及生态工业园相关的项目；实践绿色融资原则的银行，包括但不限于赤道原则；遵循"采掘业透明度倡议"(Extractive Industries Transparency Initiative，EITI)中透明度原则的企业。

• 在生态工业园和经济特区周边的基础设施项目尤其具有变革性，因为它们可以帮助在地理上集中的区域"打包提供公共服务"，减少交易成本，并促进集群发展和规模经济。它们还可以促进城市化和产业的转移与升级。

在这样一个具有明确指标的监测和评估体系下，所有的合作伙伴和企业都会尽最大努力去相互竞争。这将有助于为包容性的和可持续的发展匹配激励结构,使其与2030可持续发展目标完全一致。

没有哪两个国家的经济转型会完全相同。中国已经犯过一些错误并为此付出了巨额的代价,例如城乡收入差距扩大和环境恶化。2007年3月,国务院前总理温家宝在十届全国人大五次会议闭幕后答记者问时指出,中国经济依然是“不稳定、不平衡、不协调和不可持续的”。从那时起,中国一直在努力使经济重新平衡——更多地关注经济增长的质量和环境的可持续性。然而,完成深层转型和升级产业是极其困难的。

为避免中国所犯的错误,非洲国家应当更加谨慎。非洲的政府、非政府组织和公民社会可将中国和中国企业及其他发展合作伙伴推向正确的方向。建立监测、评估和排名系统将有助于规范合作伙伴的行为。

中国促进增长与发展的另一种方式

一个理想的发展伙伴关系应基于政策理念的“多样性和互补性”。[①]我们认同这个观点。如果所有援助者的建议是相同的,那么合作伙伴国家该如何选择并综合各种思想?它们又怎么能被赋予新的观点?因此,一种新型的合作伙伴关系应当对其他可替代的理念与方法更加宽容,使得伙伴国可以选择并综合这些理念。

中国的发展方式与其在南南发展合作中的方式之间存在着哪些理

① 采访,大野泉,日本国际协力机构,2009年10日。

念上的差异？正如在第 3 章和第 4 章所讨论的，中国领导人总是秉着谦逊的态度去处理极其复杂的发展问题，即采用学习和试验的方式，承认我们所知道和不知道的。

通过采用共同学习的方式，非洲和中国是处于平等地位的学习者——非洲各国和中国具有各自不同的比较优势。在攀登“结构转型”这同一座山峰的过程中，非洲和中国可以相互补充并达到双赢的结果。而基于新结构经济学，中国的南南发展合作为向上攀登产业升级的阶梯提供了新的理念。

中国已被广泛认为是在非洲的另一种模型，不同于“华盛顿共识”和市场原教旨主义。这使得非洲的政策制定者有了一个选择，进而增加了他们与其他合作伙伴的谈判筹码。模型的一方面是支持非洲的基础设施建设，包括公路、桥梁、水电和其他发电及传输服务，它帮助非洲缓解了许多基础设施瓶颈(第 5 章)。另一方面是中国对经济特区和工业园区的支持，促进了制造业的产业集群(第 6 章)。第三个方面则是甄别具有潜在比较优势的部门。

北南援助发展理念的缺失:针对结构转型的产业政策

OECD 成员已使用了很多产业政策来瞄准它们想要发展的部门，发展中国家可以学习这些经验(Chang，2003)。Mariana Mazzucato 回顾了英国和美国在产业政策方面的经验，发现它们“不只是修复市场，还积极地创造市场”(2011，p. 1)。她描述了美国用来支持互联网发展、绿色能源技术、制药行业、国防及航空航天项目的许多产业政策(Mazzucato，2011)。Joseph Stiglitz 指出“所有国家都在利用产业政策，但是有些国家根本不知道这一点”，他举了美国救助汽车和金融行业的产业政策例子。①

Alfaro and Charlton(2014)利用了 1985—2000 年间来自 29 个 OECD 工业国的行业层面数据，显示出许多国家都瞄准了不同产业部门作为吸引 FDI 的重点。10 到 12 个国家瞄准了计算机和电视、车辆和运输设备、房地产和商业活动以及电信；9 个国家瞄准了石化、橡胶和塑料制品(见图 7.1)。

发展中国家和发达国家都在使用一系列的产业政策工具，包括“瞄准目标”和“挑选赢家”。这些工具可大致分为八个类别：财政激励；招商引资项目；培训和能力拓展；基础设施支持；贸易措施；公共采购；金融支持机制；以及产业重组方案(Felipe，2015；Stiglitz and Lin，2013)。

然而，西方的援助项目没有——将来也不会——告诉发展中国家如何使用产业政策和攀登技术阶梯，因为产业政策在许多双边和多边发展机构中都是一种禁忌。经济特区和工业园区也已错失了那些援助计划，只有少数例外(如 UNIDO 和 IFC 项目)。世界银行最近才在埃塞

① 在联合国工业发展组织 50 周年大会上的演讲，2015 年 12 月 5 日。

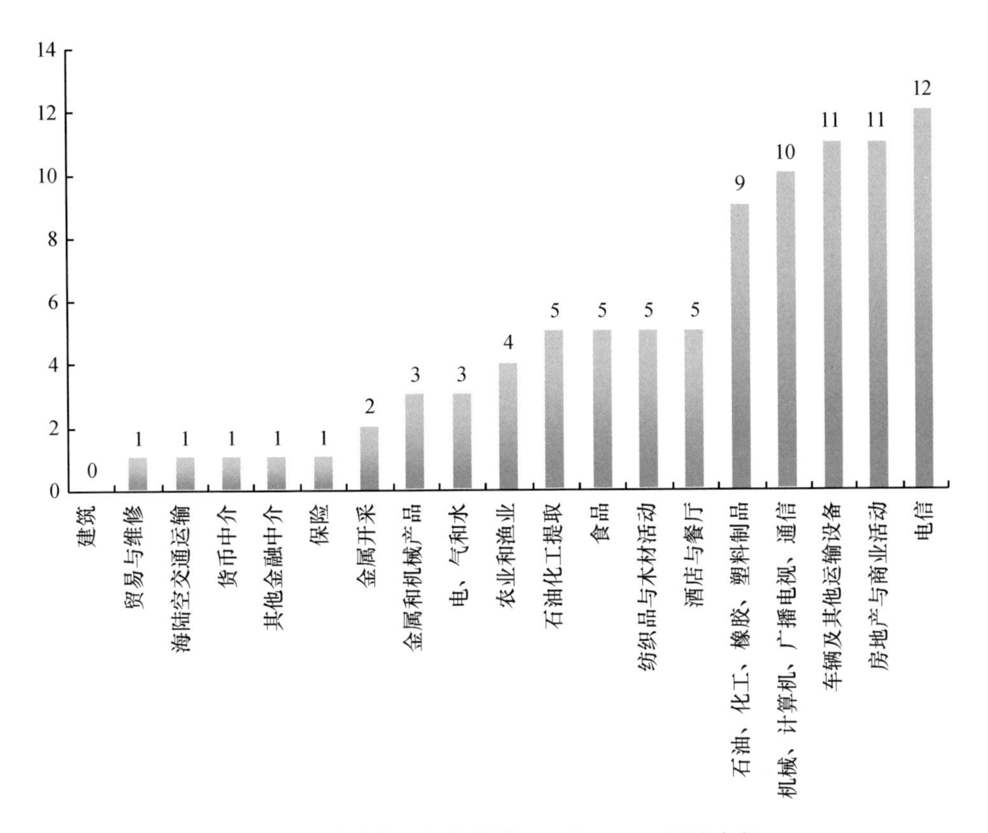

图 7.1　瞄准特定行业吸引 FDI 的 OECD 国家个数

资料来源：基于 Alfaro and Charlton(2014)的数据。

俄比亚批准了它的第一个经济特区项目，即使经济特区多年来已被许多东亚国家证明是成功的。西方援助项目经常关注"一个发展中国家没有什么"，例如良好的治理、稳固的机构和充足的人力资本。但它们经常忽略一个国家拥有什么(它的显性比较优势)和它可能会做好什么(它的潜在比较优势)。

许多发展中国家在其发展的第一阶段都是劳动力和土地—资源充裕的,也是初级产品的生产者。为了升级其产业结构,它们必须基于其现有禀赋,首先促进那些它们能够做好的部门的增长,进而逐渐缩小与先进工业化国家的禀赋差距,包括物质的、人力的和制度的(无形)资本。与新结构经济学相一致,这些国家应该遵循其比较优势,但这并不意味着它们应该只专注于自己过去所生产的产品(初级产品)。相反,它们的发展策略还应该确定它们可能会做好什么;也就是说,甄别它们的潜在比较优势。但如何甄别呢?

增长甄别与因势利导框架

林毅夫的新结构经济学方法已经引起了全球发展社会,尤其是“去工业化”国家的兴趣。自 2011 年以来,许多著名的经济学家和发展问题专家都为新结构经济学的框架发展做出了贡献(Lin,2012c)。这个新的发展思潮也正在发展世界的政府政策制定者中获得关注。然而,经济学家激烈争论的问题是,对于那些面临制度能力薄弱和治理不善挑战的发展中国家来说,“瞄准部门”或者“挑选赢家”是否是有益的。正如一位学者所警示的,“政府实施产业政策所面对的首要问题是我们实际上对准确识别一个‘成功的’产业结构知道得很少。没有一组经济上的评判标准能够决定是什么赋予了不同国家在特定领域的优势地位”

(Schultze,1983)。

近年来,一些经济学家试图解决各国如何甄别部门的问题,但只获得有限的成果:

• 由 Hausmann, Rodrik, and Velasco(2005)提出的“增长诊断框架”(growth diagnostic framework)重点关注硬性约束条件而不是一整套的最优制度。但它依赖于对现有企业的调查,这些企业可能由于过去“错误的”干预措施而进入了“错误的”部门,同时也没有企业会存在于新产业中,而该国可能在这些产业中具有潜在比较优势。

• Hausmann and Klinger (2006)和 Hidalgo et al. (2007)提出的“产品空间”是基于这样一个事实,即企业在现有部门拥有隐性知识,这些知识有助于产品空间的成功升级。但一国具有潜在比较优势的一些部门对于该国来说可能是全新的。此外,隐性知识可以通过培训和向外国投资企业中的工人学习来“引进”和传播。

与之相反,林毅夫和他的同事们认为,甄别一个或多个国家合适的追赶目标(或国家)和其具有良好增长潜力与竞争力的产业是成功追赶的先决条件(Lin and Monga,2011)。为什么?

首先,一般来说,发展中国家的硬件和软件基础设施都比较薄弱,并且政府常常只有有限的资源来投资于硬件和软件基础设施,而这样的投资通常只局限于某些特定部门。一个发展中国家不可能在所有部门都很成功。的确,成功经常出现在个别行业,例如毛里求斯的纺织业、莱索托的服装业、埃塞俄比亚的切花花卉,以及卢旺达的猩猩旅游业。

对于切花花卉，需要机场制冷设施和常规航班将花卉运送到海外市场，这显然是不同于毛里求斯为纺织品出口服务的港口设施。因此，政府必须选择改善哪种基础设施要素，以及在哪里提供相应服务以促进私人部门的活动。

其次，我们需要甄别，因为产业集群对规模经济和降低成本是必要的。专业化、集群与集聚对于在任何给定行业减少交易成本来说都是至关重要的。政府需要在特定地点提供基础设施服务——或者为某些部门的先行者提供激励。否则私人企业可能过于分散在很多领域，这将减少这些企业生存以及在国际市场上获得竞争优势的机会。

有许多挑选赢家成功或者失败的例子。在爱尔兰这两种例子都存在。在20世纪50年代，爱尔兰采用了一个被称为“不插手的重度国家干预主义者方式”(heavy state interventionist but hands-off approach)，提供税收激励、拨款和补贴来鼓励针对出口的投资。但几乎没有接受者，爱尔兰仍然是西欧最贫穷的国家之一。随着大量移民流出，爱尔兰被戏称为“欧洲的乞丐”。在80年代，爱尔兰的投资发展局开始“挑选赢家”——专注于电子、医药、软件和化学品。它在这些部门追求来自德国、英国和美国的FDI，吸引了世界十大制药公司中的九个和世界排名前15的医疗产品公司中的12个。除了信息和通信技术公司，一些行业领先的电子商务公司，包括谷歌、雅虎、eBay和亚马逊等，都在爱尔兰建立了基地。这只“凯尔特之虎”也成为对东欧移民最具吸引力的目的地之一(Lin，2012a)。

如何甄别正确的目标国家和正确的目标行业？Lin and Monga (2011)提出了以下六个步骤：

第一步：选择正确的目标国家。政策制定者应该选择那些增长强劲、与本国具有相似禀赋结构的国家作为目标，若以购买力平价来计算，这些国家的人均收入比本国高出100%，或者它们在20年前的人均收入与本国当前基本持平。政策制定者接下来应该识别这些国家在过去15到20年间发展良好的可贸易商品与服务。这些部门可能会成为与自己本国的潜在比较优势相一致的新产业，因为具有相似禀赋的国家可能也会具有相似的比较优势。一个快速增长的国家在生产某些产品和服务约20年后，随着工资的上涨将会在该产业失去比较优势，这就给拥有更低工资水平的国家留出了进入这些产业的空间。

第二步：协助国内私人企业。如果国内的一些私人企业已经存在于那些产业，它们则拥有着这些产业必要的隐性知识（Hausmann, 2013）。政策制定者应该识别出阻碍这些企业升级其产品的障碍和限制其他私人企业进入这些产业的壁垒，然后就能够实施相应政策来移除约束和便利进入。

第三步：吸引全球投资者。对那些当前还没有国内企业或者只有少量国内企业在做出口的产业，政策制定者应该努力吸引第一步中所列国家或其他生产这些商品的高收入国家的外向FDI来进入这些产业。这些国外投资者可能对某些产品在设计、生产技术、供应链及分销渠道方面拥有良好的一般性和隐性知识。政府还应设立孵化项目以鼓励这些产业中的初创企业。

第四步:推广自我发现。除了在第一步中所甄别的产业之外,政府还应该关注私人企业自发的自我创新,并且支持成功的私人创新在新产业中的推广。归因于一国独特的禀赋条件,该国可能有一些产品在国际市场上很有价值,或者由于快速的技术变革,其产品展示出新的机会。这方向的例子包括移动电话和相关电子服务、社交媒体以及绿色科技。

第五步:认识到工业园区的力量。在那些基础设施落后和商业环境不善的国家,政府可以设立经济特区或者工业园区来帮助克服这些障碍,为企业进入和外国投资提供便利。大多数政府由于受到低预算和低能力的约束,不能在整个经济体内快速建立良好的商业环境,而这些特区则创造出了局部优越的商业环境。建立工业园或者特区还可以促进产业集群的形成,降低生产和交易成本,并促进可持续发展和绿色工业化。

第六步:为正确的产业提供有限的激励。政策制定者可对早先所甄别出的产业中的先行企业以限时税收激励、联合融资、提供获得外汇的渠道等方式予以补偿。这弥补了先行企业所创造的外部性,并且鼓励企业形成集群。因为所甄别出的产业与国家的潜在比较优势相一致,企业在开放的竞争市场中应当是具有自生能力的,并且这些激励应当在时间和财务成本上都是有限的。为了防止寻租和政治俘获,政府应避免高关税,以及那些创造垄断租金或者其他扭曲的激励措施。激励应当与绩效相挂钩,并针对既定目标不断进行评估(Lin,2012b)。

几个非洲国家正在试图采用GIF方法来甄别特定国家和自己具有比较优势的部门。(参见UNIDO(2015)和即将发表的关于塞内加尔和埃塞俄比亚使用GIF方法的报告。)

总之,以结构转型为焦点,南南发展合作不仅提供了融资,还提供了发展理论和思想,总结出诸如GIF这样的具体方法,进而以此来甄别目标国家和目标行业,帮助东道国合作伙伴进行产业升级。也就是说,它有助于甄别低收入国家的增长支柱,并减少“共同攀登结构转型这座山峰”所需要付出的艰辛,最终达到双赢的结果。

附表7.1　与非洲合作的论坛及相关承诺

非洲的合作伙伴	创立年份及召开频率	非洲国家元首级的最高参与人数	最近一次会议上的主要公告声明
中非合作论坛(The Forum of China and Africa Cooperation, FOCAC)	2000年 每三年	45位国家元首和政府首脑(2015年)	中国承诺在未来的三年里,投资600亿美元(是2012年承诺的3倍)来支持非洲,包括50亿美元的赠款和无息贷款,350亿美元的优惠贷款、出口买方信贷,其余为商业融资
东京非洲发展国际会议(Tokyo International Conference on African Development, TICAD)	1993年 每五年	41位国家元首(2008年)	在未来的五年里,以私人和公共方式筹资320亿美元来推动非洲的增长

（续表）

非洲的合作伙伴	创立年份及召开频率	非洲国家元首级的最高参与人数	最近一次会议上的主要公告声明
美非领导人峰会（US-Africa Leaders' Summit）	2014 年	45 位国家元首和政府首脑（2014 年）	筹资 70 亿美元来推动美国对非洲的出口和投资；140 亿美元在清洁能源、航空、银行和建筑业方面的私人部门投资；120 亿美元的“电力非洲倡议”（Power Africa Initiative）
法非峰会（France-Africa Summit）	1973 年 1990 年前为年度；现在为双年度	约 40 位国家元首和政府首脑（2013 年）	在未来的五年与非洲的贸易翻一番；在未来的五年援助和项目达到 200 亿欧元（约 210 万美元）
印非论坛峰会（India-Africa Forum Summit）	2008 年 2011 年、 2015 年	41 位国家元首和政府首脑（2015 年）	在未来的五年提供 100 亿美元优惠信贷；6 亿美元赠款援助，其中包括 1 亿美元的印非发展基金和 1 亿美元的印非健康基金；在未来的五年提供 5 万份奖学金
非洲—土耳其合作峰会（Africa-Turkey Cooperation Summit）	2008 年、 2014 年	7 位总统（2014 年）	关税优惠和免税特权来扩展贸易和投资，从 300 亿美元（2013 年）增加到 500 亿美元（截至 2019 年）
韩非论坛（Korea-Africa Forum）；韩非经济合作论坛（Forum on Economic Cooperation）；韩非产业合作论坛（Forum on Industry Cooperation）	KAF：2006 年，每三年；KOAFEC：2006 年，双年度；KOAFIC：2008 年，年度	5 位国家元首（2006 年）	增加对非洲的官方发展援助；扩展对非洲学生的奖学金项目

资料来源：South-South Policy Team at UNDP. Issue Brief No. 14，December，2015.

第8章

发展融资的前景

PROSPECTS FOR DEVELOPMENT FINANCE

本章概览

最后一章讨论发展融资的前景，并就增加当前国际援助与融资机制的包容性提出一些想法，包括对援助与发展融资的新定义、双边主义与多边主义的优势、“真正的发展合作伙伴关系”的要求、“命运共同体”、国家利益与全球公共品的交集、在援助与合作中利用国家比较优势的逻辑，以及在一个充满不确定性和信息不对称的世界中学习和实践国际事务。

在一个多极化世界，难免会出现各种不同的发展理念与理论，正如不同类型的多边开发银行与基金层出不穷，我们寄希望于它们能够相互补充、相互合作。“一带一路”倡议和新的开发银行与基金是“新多边主义”(new multilateralism)的缩影，如果能够相互协调和运转良好，将会成为一种“多赢”，创造一个更加和平与繁荣的世界。

21 世纪的发展融资

谁将成为新的发展融资者?

2015 年 9 月,联合国通过了一项决议来建立后 2015 时代的可持续发展目标。同年 12 月的巴黎气候大会(COP 21)上,195 个国家汇聚一堂,采纳了第一个全球通用的、具有法律约束力的全球气候协议。该协议阐明了一项全球行动计划,旨在将世界引入正确的轨道,通过将全球变暖控制在 2 摄氏度以下来避免危险的气候变化。现在,所有目光都集中于怎样为这些努力来融资。

在我们看来,世界经济正面临着巨大的不确定性和波动性。一些经济学家在讨论"长期滞胀"(secular stagnation)的可能性;另一些人甚至预言又一场金融危机即将爆发。对于发展中世界,我们对其增长持谨慎的乐观态度。发展中国家有许多良机来获得增强生产力的投资以升级产业,以及获得降低交易成本的投资以释放基础设施瓶颈。这些投资不仅能够在短期内创造就业和支持消费,也能够在长期内推动包容性的和可持续的增长。

在未来的几年,中国及其他具有良好财政状况和充足储蓄与外汇储备的新兴市场经济体能够超越凯恩斯主义,投资于释放瓶颈的基础设施,抵消外部冲击并保持相对较高的增长率。如果全球发展融资社会能够以双赢方式创新性地调集公共和私人的金融资源,其他低收入发展中国家也将能够保持一定的增长率,创造就业,并对实现可持续发展目标做出贡献。在一个相互关联的世界,发展中国家实现更高的增长对发达国家也是有益的,因为发达国家的商品与服务将在发展中国家拥有更大的市场,从而促进了发达国家的就业与增长。

在后 2015 时代,随着一些传统援助者受到沉重债务负担和缓慢增长的制约,发展融资将更少地来源于官方发展援助(ODA),而更多地来源于其他官方资金(OOF)、类 OOF 贷款,以及由新兴经济体的开发银行与主权财富基金所提供的类 OOF 投资。图 8.1 展示了全球储蓄率,在中国、发展中国家(中国除外)和发达国家之间做出了比较。显然,发展中国家的储蓄率高出很多,因此在未来的 15 年(2015—2030 年)将会有更高的投资率。在全球投资中,发展中国家(包括中国)所占份额预计在 2015 年及之后将会超过高收入国家(见图 8.2),同时,新兴经济体在世界金融资产和 GDP 中所占份额预计会上升 10 个百分点(见表 8.1)。

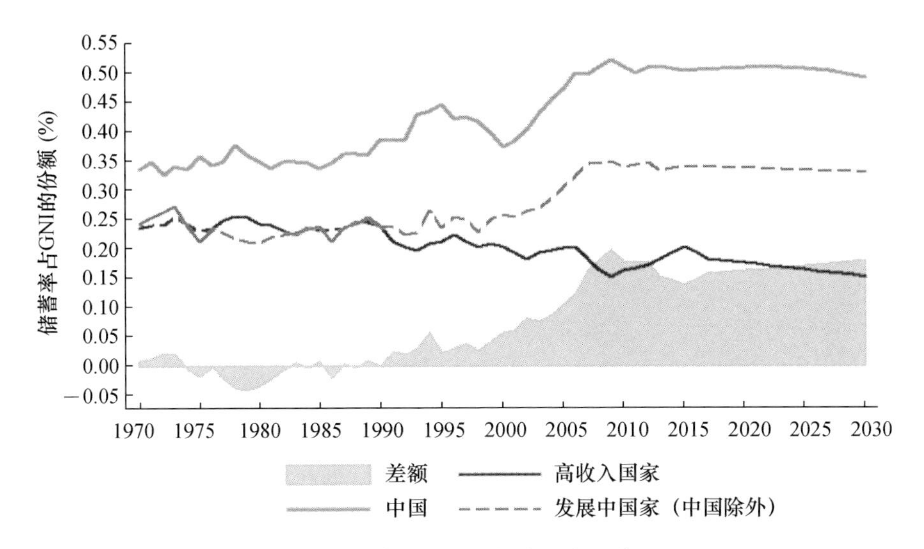

图 8.1　全球储蓄率：高收入国家与发展中国家（1970—2030）

资料来源：作者基于 World Bank Global Development Horizons（2013）的更新。

表 8.1　新兴市场经济在世界金融资产和 GDP 中所占份额的推算

	金融资产			GDP		
	2010 年（%）	2030 年（%）	2030 年（万亿美元）	2010 年（%）	2030 年（%）	2030 年（万亿美元）
快速增长	22	**39**	**223.9**	37	**45**	**58.8**
平稳增长	22	**28**	**156.4**	37	**36**	**45.6**

资料来源：Sheng（2013）。

我们因此提出扩展发展融资的定义，这能够引致更多来自主权财富基金及其他公共和私人实体的资金贡献。一些人可能会问，为什么需要修复某些并没有坏的东西？

首先，当所有人都意识到在努力实现可持续发展目标和巴黎气候大会目标的过程中存在巨大的资金缺口时，OECD-DAC 的定义远不能

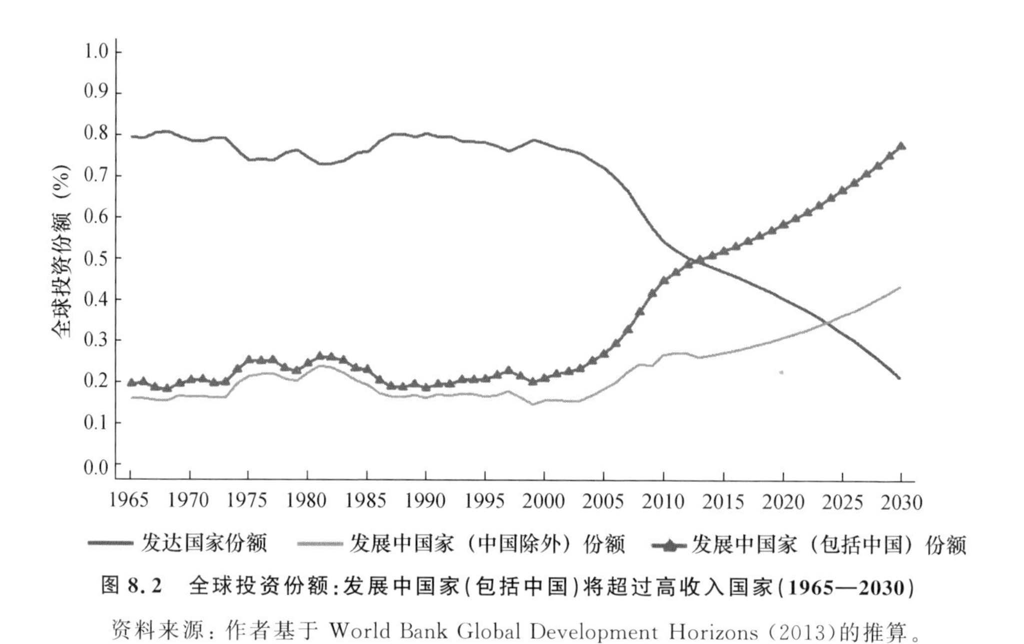

图 8.2 全球投资份额:发展中国家(包括中国)将超过高收入国家(1965—2030)

资料来源:作者基于 World Bank Global Development Horizons (2013)的推算。

够满足后 2015 世界的需要。OECD 成员自己也已对官方发展援助对全球发展的可靠性和相关性表示出了质疑(Hynes and Scott, 2013; OECD-DAC,2014b)。官方发展援助的概念在近些年来饱受批评,OECD 在 2012 年 12 月对此公开举行了辩论(Boussichas and Guillaumont,2014)。许多改革当前 OECD-DAC 定义的新提议涌现出来(Xu and Carey,2015a; OECD-DAC,2014a, 2014b, 2014c)。

其次,随着许多新兴市场经济体继续较快增长并将其很大比例的收入进行储蓄,南南发展合作的前景将很可能会拓宽。习近平主席在 2015 年 9 月的联合国大会和在约翰内斯堡的第六届中非论坛上的演讲都反映出中国的官方立场,通过强调"造血"而非"输血",重续在南南发展合作中对中国方式的信心(Freeman,2012)。他强调了在硬件和软件基础设施及产业升级中政府引导投资的作用,也表达出对西方援助者“有条件援助”方式更加深刻的怀疑(第3章)。

为了将新兴经济体“整合”为一个全球的发展支持系统并降低交易成本,就必须保持开放的思想来看待中国及其他新兴市场经济体在国际发展方面的观点,尤其需要允许发展中国家在平等、相互尊重、互惠互利的基础上相互帮助。

重新定义发展融资

我们提议拓宽发展融资的定义。OECD-DAC对官方发展援助和其他官方资金的定义是一个好的起点,但它们需要被改良,以便澄清和考虑到所有旨在支持发展的融资形式。[①] 对于货币政策工具来说,我们有M0、M1、M2和M3几个不同层次的定义。在发展融资方面,我们可以类似地定义DF1、DF2、DF3和DF4(参见下文),主要依据以下标准:与一个一致的市场基准利率相比较而得的“优惠”程度;资金来源(“官方”或者国家参与的程度);目标国家(低收入或中等收入发展中国家);以及融资的目的(为了经济发展和福利)。这些想法也见于一些早先的研究

① 关于优惠贷款计算方面的争论非常激烈,包括应当使用面值(OECD-DAC方法)还是预算补贴(中国方法),以及应当使用什么利率作为折现率。原中国进出口银行行长李若谷称,如果能够使用一个“合适的”基准利率作为折现率,那么“中国所有的发展贷款[来自中国进出口银行]都是以优惠为特征的”(Li,2007)。

中(Brautigam,2011a; Center for Global Development,China-aid database,2013;OECD-DAC,2014;Boussichas and Guillaumont,2014;Xu and Carey,2015a)。对于发展融资的一组全新的、更加清楚的定义将会促进透明性、问责性以及发展伙伴的可选择性,有助于鼓励主权财富基金投资于发展中国家,并且促进发展中国家基础设施中的公私合营关系。

特别地,主权财富基金管理着巨额资产,超过了21万亿美元,它们当中的许多都在寻求更高的风险调整回报率。[①] 其中一些一直习惯性地对新兴和发展中国家投资不足,只有不到10%的资产配置于这些国家。举例来说,挪威正在进行一场全国辩论,讨论怎样将它的巨额资产重新优化配置到发展中国家。挪威政府养老基金(Norwegian Government Pension Fund, GPF)是世界上最大的主权财富基金,拥有8 880亿美元的资产,并且预计到2020年将增长到超过1.1万亿美元。但是它将90%的资产都配置到了发达国家"流动的"证券中,自1988年来仅得到3.17%的实际回报率,远低于那些更多地投资于新兴市场的主权财富基金所获得的回报率,后者可达到10%或更高的水平(Kapoor,2013; 专栏8.1)。NorFund是一个比GPF规模小很多的挪威基金,与GPF不同,它更多地投资于发展中国家,获得的回报率要比GPF高很多。像我们提议的那样重新定义"发展融资"将有助于影响公众舆论,支持主权财富基金投资于发展中国家并扩展发展融资的来源。

---

① SWF Institute, 于2015年10月获取。

专栏8.1

淡马锡的经验:通过投资于新兴市场与发展中国家来获取高额回报

淡马锡控股私人有限公司(以下简称“淡马锡”)是一家由新加坡政府所有的投资公司。它成立于1974年,拥有和管理的投资净额为1 170亿美元,主要是在新加坡和亚洲别国。它被要求遵守主权财富基金的国际准则,根据标准普尔和穆迪的评级,淡马锡是获得最高企业整体信用评级AAA的少数几个全球公司之一。

凭借在新兴与发展中亚洲国家的大量投资组合,淡马锡的财务表现绝佳:从成立开始其年均股东回报率达到16%,比其他只投资于工业化国家的主权财富基金所获回报率要高出很多。按地域分配来看,亚洲(新加坡除外)占到淡马锡投资组合的42%(其中中国占到了27%),接下来是北美和欧洲,二者合起来占到其新投资的43%。淡马锡的经验对所有拥有主权财富基金或者国家开发公司的国家都是很有价值的。

如果所有主权财富基金都投资于发展中国家,多配置其资产的5%到这些国家,那么就足以缓解发展中国家的瓶颈。

资料来源:作者基于 Temasek Review 2015。http://www.temasekreview.com.sg/

我们提议按以下方式来重新定义发展融资(见图8.3):

• DF1=官方发展援助(ODA,由OECD-DAC所定义,并按照2014年12月16日决议所提出的方式修正)。

• DF2＝DF1＋其他官方资金(OOF,包括优惠出口买方信贷)。

• DF3＝DF2＋类 OOF 贷款(非优惠贷款,来自国家实体,以发展为目的,但是收取市场利率)。

• DF4＝DF3＋类 OOF 投资(来自主权财富基金的权益投资或由国家担保的开发项目,或者公共基础设施建设的公私合营项目,为可持续发展提供全球公共品)。后者的定义与 OECD-DAC 所提出的全面官方可持续发展(Total Official Sustainable Development)相一致但有所不同。

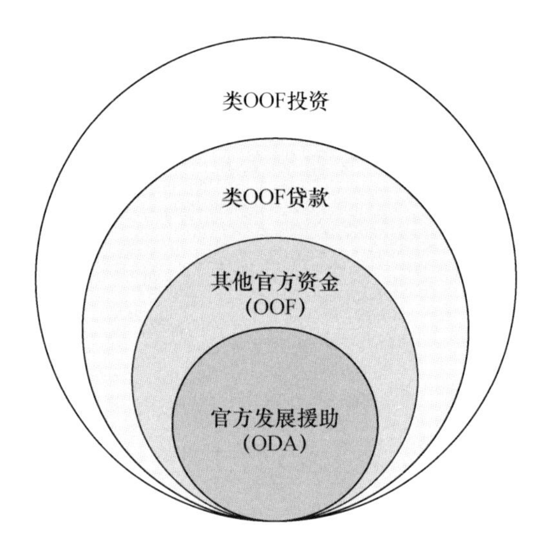

图 8.3 扩展发展融资的定义

资料来源:作者。每个圆都对应于相应定义:DF1＝ODA;DF2＝ODA＋OOF;DF3＝DF2＋类 OOF 贷款;DF4＝DF3＋类 OOF 投资。对于南南发展合作中不能货币化的项目,可单独设立其他类别。

由南方合作伙伴提供的非货币发展援助引起了我们的关注,例如成套项目、实物交易以及资源融资的基础设施(RFI)。资源融资的基础设施这个概念有助于将一个发展中国家的比较优势,比如资源开采,与瓶颈释放的基础设施建设相关联——两个本是相互分离的供应链——从而降低了交易成本并使得公共基础设施对私人部门更具有吸引力。

例如,中国同意用加纳的可可豆出口(一个比较优势)作为其贷款的担保来建设一个水电站(见后文的专栏8.3)。“对于不能产生足够收益来支持一个项目融资交易的必要基础设施而言,以资源融资的基础设施信贷可能是成本最小的一个选择。”(Lin and Wang in World Bank, 2014, p. 76)。[①] 南南发展合作中的一些要素不能够被货币化,例如志愿者与医生的数量,但是可以为其建立单独的类别。

数量与全球治理

国际发展融资的数量很大程度上依赖于机构安排、融资与协调的渠道以及最终的全球环境与全球治理结构。换句话说,它取决于南南发展合作或者发展融资是否是受欢迎的,新兴市场合作伙伴的声音是

① 资源融资的基础设施模型允许在长期内以一种资源来交换另一种生产性资产,从而能够在不完全依赖于金融市场的情况下支持实体部门的多元化。此外,它减少了由于资源收入被转移出发展中国家而造成的资源流失或者资本外逃。这种“实物对实物”的交换能够帮助低收入但资源丰富的国家克服严重的财政与治理约束(Lin and Wang in World Bank, 2014, p. 76)。

否以及在多大程度上能够被接纳，以及它们是否被邀请到谈判桌前来参与塑造全球“道路规则”。

中国的发展融资取决于许多因素。一个粗略的推算方法是使用中国在未来10年的预测增长率，并利用发展融资占国民总收入的比例。根据中国人民银行工作人员所做的一项研究，对基础设施的外向投资估计“将不会少于每年1 000亿美元（人民币6 300亿元）”（Jin，2012）。“考虑到上升的潜力，中国完全能够负担得起每年6 000亿到1万亿元人民币的外向投资。假设在这个数额中，贷款与权益投资占到95％，赠款占到5％，这意味着中国财政部将需要为国际援助做出300亿至500亿元人民币的预算。这一数字仅为中国2011年财政收入的0.3％到0.5％，占GDP的不到0.1％，比马歇尔计划（对美国财政部）的财政负担要小得多。”（Jin，2012，p.62）我们认为，随着中国的国民总收入和财政收入的持续增加，发展融资的数额将会显著上升，在2015—2016年接近1 000亿美元（包括赠款、优惠贷款与出口买方信贷，以及提供给丝路基金、亚投行、新开发银行及其他多边银行的款项）。正如近期的承诺所显示的那样，中国将逐步在全球事务中担起责任并探索其新的角色。中国的发展融资占国民总收入的份额从而很可能会陡然增长到国民总收入的0.3％或更多。然而增长的速度取决于全球治理体系。中国已试图为其对全球发展的贡献建立“正确的”平台，包括它在建立亚投行及其他诸如新开发银行和丝路基金等机构中所做出的贡献（见专栏8.4和8.5），以及推出它的“一带一路”愿景。

“一带一路”愿景与儒家思想

中国国家主席习近平在2013年的APEC峰会上提出了共建“丝绸之路经济带”和“21世纪海上丝绸之路”(简称“一带一路”)的全新愿景，得到了沿线50多个国家的支持(见图8.4)。那么这个倡议的依据是什么?

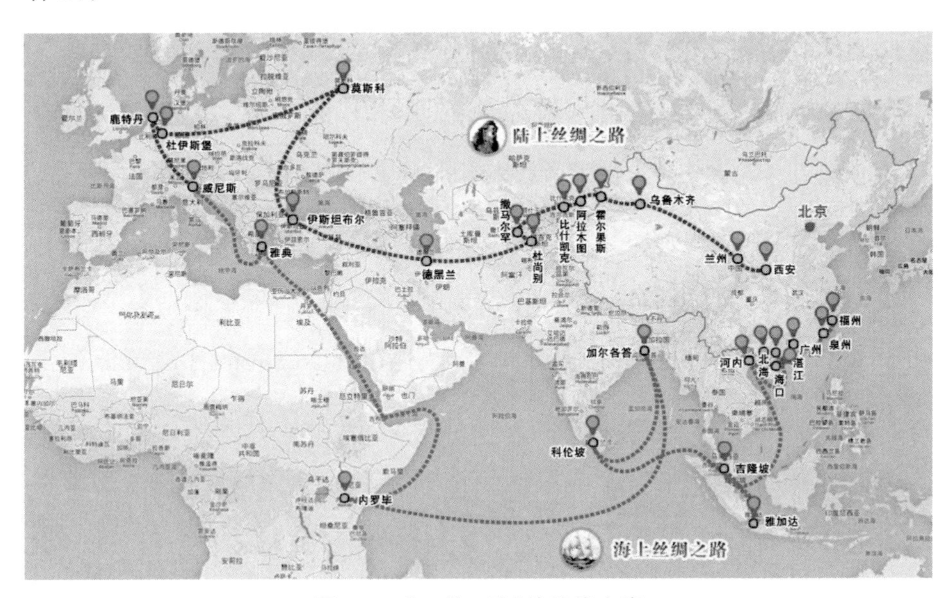

图8.4　“一带一路”的路线方案

资料来源:国务院新闻办网站。

“一带一路”汲取了中国儒家思想的精华，反映出中国领导人所构想的一种世界秩序，即共享繁荣，“求同存异、和平共处”，以及承诺提供全球公共品：和平、安全与可持续性。多数历史学家都认同工业革命前的中国是比较繁荣的。“在工业革命前，中国远比其他国家富裕。实际上，在过去的20个世纪中，中国有18个世纪对世界GDP贡献的份额比任何西方国家都要大。迟至1820年，中国贡献了世界GDP的30%以上，其总值超过了西欧、东欧和美国的GDP之和。”(Kissinger，2011，p. 11)

儒家思想能够解释其中的原因。“早在宋朝(960—1279年)年间，中国在航海技术方面世界领先，其舰队完全可以承载着帝国进入一个征服和拓展的时代。然而中国没有去跨海殖民，对海外疆土显得兴趣寡然。”(Kissinger，2011，p. 11)

孔子强调“仁”，社会和谐的孕育，温情统治的原则，包括他对终身学习及向他人学习的热爱，如同在“学而时习之，不亦说乎？”[①]和“三人行，必有我师焉；择其善者而从之，其不善者而改之”[②]中所述。

正如基辛格指出的那样，“中国在东方屹立几千年不倒与其说是归功于帝王的强权统治毋宁说是主要归功于蕴藏于民间的社会价值和士大夫的治理”(Kissinger，2011，p. 13)。科举考试让有聪明才智的人进入统治阶层，给他们带来了丰厚的经济利益和家族荣耀。而且，科举考试给这些精英们的思想中灌输了一系列价值观，强调忠君为民，进一步降低了统治和维持一个大国的成本(Lin，1995)。正是这种价值体系帮

① 《论语·学而》。

② 《论语·述而》。

助中国维持了几千年的大一统。[①]

儒家思想也塑造了中国与邻国的和睦关系。中国并没有用自己的实力去征服邻国，而是努力恢复和维持和平，反映出儒家思想中的准则："兴灭国，继绝世，举逸民，天下之民归心焉。"[②]（意为分封灭亡之国，承继绝祀的世族，提拔任用隐逸的人才，以此使得天下归心。）这帮助我们解释了为什么"中国没有去跨海殖民，对海外疆土显得兴趣寡然"（Kissinger，2011，p. 8）。

"己所不欲，勿施于人"[③]和"己欲立而立人，己欲达而达人"[④]是深深扎根于中国历史和文化中的坚定信念。而这些原则一直在无形中指导着中国在过去50年间的对外援助与合作。

新一代中国领导人试图使这些价值观和原则现代化并得到巩固。"在当今全球发展融资的系统运作中，中国有其基本的利益和责任。"（Xu and Carey，2015）正如习近平主席所说："宽广的太平洋有足够的空间容纳中美两个大国。"（《华盛顿邮报》，2012年12月12日）。中国的"十三五"规划已充分体现了这些观点，即倡导一个"创新、协调、绿色、开放、共享"的新发展理念。它确立了一个双向开放的战略，促进国内国际要素有序流动，支持基础设施发展以及与邻国的互联互通（国务院"十三五"规划纲要，2015）。

---

① 关于中国的价值体系，参见Sun（1929）和Lin（1995）等。

② 《论语·尧曰》。

③ 《论语·卫灵公》。

④ 《论语·雍也》。

换句话说,“一带一路”将不仅仅是一个愿景,在具体的行动计划支持下,它将成为中国在外交政策和发展融资中的一个指导原则。

一个新的双边方式:建立“命运共同体”

金砖国家(BRICS)和其他非发展援助委员会成员将继续它们在南南发展合作中的双边方式,像《亚的斯亚贝巴行动议程》(Addis Ababa Action Agenda)所支持的那样,努力减少贫困并达到可持续发展目标(见专栏 8.2)。但是,为了克服“援助有效性”文献(见第 1 章)中提到的激励问题,以及信息不对称和委托—代理问题,应该遵循以下原则:

东道国对它们的发展项目必须拥有全部所有权。一个南南发展合作项目应该“由东道国提出要求,由东道国引导并共同参与建设”。援助提供方和东道国地位平等,任何一方都有拒绝的权利(《亚的斯亚贝巴行动议程》,第 56 条)。

专栏8.2

第三次发展筹资问题国际会议成果文件:《亚的斯亚贝巴行动议程》

55. 我们将就官方发展援助计量的现代化和“官方可持续发展支持总量”(total official support for sustainable development, TOSSD)的拟

议计量办法举行公开、包容和透明的讨论。我们申明，任何此种措施将不会削弱已经做出的承诺。

56. 南南合作是国际合作促进发展的重要组成部分，其作用是补充而不是替代北南合作。我们认识到其重要性日益增加，而且有着不同的历史和其特殊性，并强调南南合作应被视为南方人民和国家基于共同的经历和目标的团结一致的表现。南南合作应继续遵循尊重国家主权、国家所有以及独立、平等、无条件、不干涉内政和互惠的原则。

57. 我们欢迎增加南南合作对消除贫困和可持续发展的贡献。我们鼓励发展中国家自愿加紧努力，加强南南合作，并按照联合国高级别南南合作会议(2009年)《内罗毕成果文件》进一步提高其发展成效……

合作伙伴可以寻求建立“命运共同体”来寻找利益共同点，使得东道国和伙伴国都受益(见图8.5)。不可否认，每个发展中国家都有自己的国家利益，南南发展合作不是纯粹利他的。双方都应该为达到互利、双赢的结果去努力寻求利益共同点。在项目层面上，一个合资公司可以或应该在资本注入和贷款获得之前就建立。实际上，该合资公司就是这个“命运共同体”的具体化身。例如，在印度尼西亚高速铁路系统这个案例中，一个中国公司在国际竞标中胜出，它将与印度尼西亚铁路公司联合成立一家合资企业——每一方都同意投入权益资本。而其他贷款者和投资者，例如国家开发银行和丝路基金，也可以投入权益资本。以这样的方式，如果项目成功(失败)，双方都将获益(受损)。

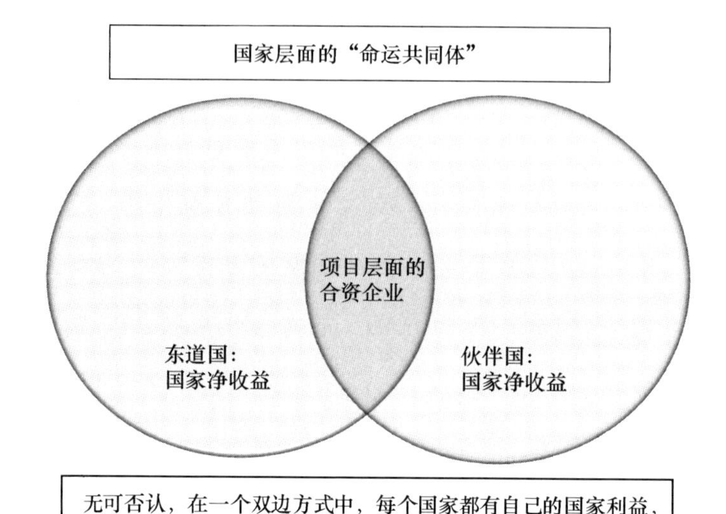

图 8.5 “命运共同体”及项目层面的合资企业

资料来源：作者。

在双边的南南发展合作中，如果双方意见一致，那么贸易、援助和投资就能被更好地结合。例如，如果一个发展中国家决定修建一个水电站大坝，这需要筹措巨额资金，政府则可以通过国际竞标的方式来选择一个资质合格的公司。通常，有明显比较优势的国家会中标，并能以出口买方信贷和非优惠贷款相结合的方式来筹措资金。这种联合贷款(优惠的和非优惠的)也自然地会与中标公司所提供的服务相捆绑。对于加纳的布维水电站项目，用出口可可豆的收益作为贷款抵押是一个巧妙利用加纳的比较优势来获得紧缺电力的方法。双方都从中获益(见专栏 8.3)。将贸易与援助和合作相结合，能够更好地发挥比较优势，双方也都将从这种商业交易中获利。同理，其他面临类似外汇约束的国家都可以采用这种“资源融资的基础设施”方式来实现它们自己的发展目标。

专栏8.3

利用加纳的比较优势来建造布维水电站

布维水电站是一个重力碾压混凝土坝，修建在加纳的布维国家公园中。于2013年完工后，该水电站的发电容量达到4亿瓦，并且便利了约3万公顷土地的灌溉。

这项工程的总成本起初被估算为6.22亿美元，随后又追加了1.68亿美元。资金来源于加纳政府的自有资源(6 000万美元)和中国进出口银行的两项信贷：一项利率为2%的2.7亿美元优惠贷款和一项2.92亿美元的商业贷款。这两项贷款都有五年的宽限期和20年的摊销期。加纳每年对中国出口的3万吨可可豆的收益被存放在进出口银行中的一个托管账户中作为贷款担保。一旦水电站开始运作，水力发电厂85%的售电收益将进入该托管账户。若不需将所有收益都用来偿还贷款，剩余收益则返还给加纳政府。

水坝的建设由中国水电建设集团公司按照“设计、采购、施工”(Engineering, Procurement and Construction, EPC)的成套项目合同完成。布维电力局拥有并管理水坝。中国水电建设集团在中国进出口银行的资金支持下于2005年中标该项目,随后完成了环境影响评估和可行性研究。

布维水电站将加纳的发电装机总容量提高了22.9%,即从2008年的19.2亿瓦增加到了23.6亿瓦,大大缓解了加纳的严重电力短缺。除了发电,布维水电站还将提供灌溉用水,也将改善加纳的旅游业和捕鱼业。全面的发展影响还有待仔细的度量和分析。

资料来源:Lin and Wang(2013)。

但是,双边的南南发展合作也有弊端。显然,它不能在多个伙伴国之间利用资金和分担风险,也不便于学习和三边合作,因此,是否能够通过学习来提高其有效性仍是一个问号。在争议或违约事件中,矛盾也将难以化解。

最重要的是,对于提供全球公共品来说,双边机制是根本不够的。同样,诸边协议(在几个成员国之间,例如金砖国家)也不足以解决诸如气候变化和区域间的互联互通之类的全球问题。因此,我们需要恢复一个多边体系。

诸边金融协定

巴西、俄罗斯、印度、中国和南非(BRICS)联合成立了新开发银行,之前称金砖银行(BRICS Bank),由经验丰富的印度银行家卡马特(K.

V. Kamath)担任首任行长,总部设在上海。协定的第1条宣称新开发银行建立的目的是"为金砖国家及其他新兴经济体和发展中国家的基础设施建设和可持续发展项目动员资源,作为现有多边和区域金融机构的补充,促进全球增长与发展"。

金砖国家位于不同的大洲,拥有不同的比较优势和国家利益。许多专家断言新开发银行是"暂时的和脆弱的"。我们认为这种论断是错误的。我们坚信,基于"差异中和平共处"的原则,该银行体现出了真正的平等伙伴关系。它有很大潜力成为一个"命运共同体"。这五个国家都是中等收入国家,都在为产业升级和在世界价值链中位置的多样化而努力。它们有各自的国家利益,但也有广阔的共同利益根基。它们是共同攀登结构转型这座山峰的队友,需要彼此的帮助与协作。而凭借各自不同的比较优势,它们就能够在经济上实现互补。

同样,在治理上,所有创始成员对新开发银行有相同的贡献和投票权——一个"真正的发展中伙伴关系"。"各成员的投票权应等于其在银行股本中的认缴股份。"没有哪一个成员占主导地位并对其他成员施加条件,所有成员都将遵守国际准则。伙伴国都有进入或退出的自由,都可以同意或否决。成员资格对所有联合国成员开放。

巴西、中国和印度将自己视为发展合作伙伴,而不是援助者。它们作为传统发展援助的受援者以及它们与其他受援者的身份认同造成了它们对"援助"这个术语的敏感性。它们认为,"贷款条件"会损害尊重国家主权和促进团结的原则。实际上,正如 Mwase and Yang (2012, section 4.1)所强调的，这些国家在南南发展合作中具有明显差异。金砖国家的融资已帮助许多低收入国家缓解了基础设施瓶颈，并应当帮助它们利用其自然资源。这种以资源融资的基础设施有许多益处——使得电力供给增加了35%，铁路容量增加了10%，并降低了通信服务的价格(Foster et al.,2009; Onjala,2008)。至少有35个撒哈拉以南的非洲国家已经从来自中国的基础设施融资中获益或者正在讨论这种方式(Do-emeland et al., 2010)。

总而言之，在金砖国家、传统和新兴的发展合作提供方以及双边的和多边的金融机构之间，都存在充足的共同学习和交换经验的空间。

新多边主义的优势

在过去，来自中国的大多数发展合作都是双边的(见第3章)。从以双边方式为主转变为参与到一个新的由南方主导的多边主义，中国的这种转变对中国和世界是一个双赢。

凭借新成立的多边金融机构，中国将在发展融资中贡献更多。国际发展对于中国来说是一个全新的领域，并且它具有如下六个主要优势。

发起和经营一个新的多边金融机构对中国来说将是一个学习和试验的过程。一群中国新团队将在新开发银行和亚洲基础设施投资银行中逐步承担起领导角色。他们将从与合作伙伴的共事中增强他们的国际领导与协调能力。

与双边的发展合作相比，一个多边金融机构使得中国能够充分利用资本并汇集更多的资本，进而产生更大的影响。这将减少资本从发展中国家流向发达国家的数量，并提高全球资本的配置效率。理论上这将提高资本回报率，因为投资在发展中国家的瓶颈处应比投资到资本充足的工业化国家获得更高的回报率。多边金融机构也让多个成员国之间能够更好地进行风险分担，更有利于风险管理。此外，它也增强了股东保护他们的投资、对抗包括政治风险在内的各种风险的能力。

世界的其他国家可以从庞大的金砖经济体所拥有的高额储蓄、迅速增长的消费需求及规模经济中获益。由于本国激增的劳动力成本，中国、印度及其他新兴国家正处在一个其劳动密集型产业需要向低收入国家转移的阶段（见第2章）。这为低收入国家的制造业升级提供了巨大的机会。

此外，中国享有其他小国不能享有的规模经济，使得中国能够将大型交通运输网络的建造成本保持在低位（见专栏5.2关于高速铁路的例子）。由于中国具有成本相对低廉的工人和工程师，具备在本国完成多项大型工程的实力，以及在世界其他地方融资和实施大型工程的能力，中国已经显示出它在建设大型基础设施方面的比较优势（见第5章）。那些与中国和中国铁路网相连接的国家，通过增加进入内陆消费者市场的机会，能够从中国所具有的这些规模经济和比较优势中获益。确实，与一个大型的（硬件或软件）网络互联互通将会产生可观的社会收益。

新的机构要求所有股东分享信息，从而增强了透明度和内部治理。这将在未来影响到本国各大股东的行为，并为国内改革中的立法提供了压力机制。例如，在设计亚投行的治理结构时，中国的领导者将向其他具有完善的对外援助法律和监管系统的创始成员国学习。新开发银行和亚投行的章程协议条款预示着最高的透明度和治理标准，理应会对那些双边的南南发展合作产生影响。这将增强包括南北方合作伙伴在内的所有创始成员之间的信任度。

亚投行协定的条款强调银行在运行中具有使用所有货币的自由。协定的第19条规定“银行或任何银行款项接受方所接受、持有、使用或转让的货币在任何国家内进行缴付时，成员均不得对此施加任何限制”。如果股东有意愿，新开发银行和亚投行都可发行人民币债券（或者其他当地货币债券）和发放人民币贷款。这将在一定程度上缓解发展中国家面临的外汇流动性约束以及货币错配问题。长期来看，第19条可能会促使新兴国家的货币得到更加广泛的使用。2015年11月，国际货币基金组织同意将人民币纳入特别提款权（Special Drawing Right，SDR），各国央行将很可能持有人民币作为它们的国际储备。长期来看，国际上将会更多地使用人民币作为一种投资工具。

中国的发展合作方式具有优势。中国将贸易、援助和投资相结合来协助其他发展中国家获得自我发展的能力，建造必要的硬件和软件基础设施以满足结构转型的需要。像金砖国家这样的南方国家，在经济上和文化上都与许多低收入的发展中国家更接近，同时具有更强的互补性。与北方国家的有条件援助方式相比，它们在一个多边的发展银行或基金中的发展合作方式能够提高援助的有效性，进而更有益于发展。总之，无论发展伙伴来自南方还是北方，只要它们在一个多边机构中协同工作，都能够提供多赢的解决方案。

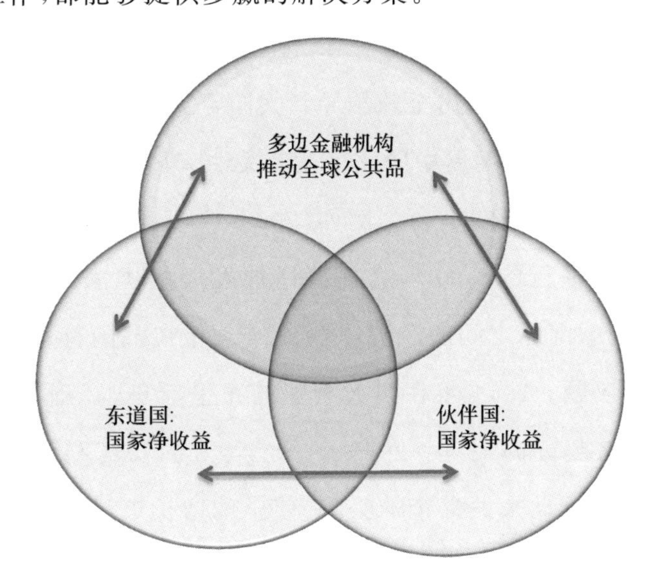

与双边和诸边方式相比，新的多边主义能够扩展具有共同利益的领域并且增进所有合作伙伴之间的信息流动、学习和透明度，以实现多赢的结果。

图 8.6　新多边主义能够扩展共同利益的领域

资料来源：作者。

G20 和全球治理

代表着占全球产出约 85%的经济体，20 国集团(G20)已经成长为全世界最主要的经济政策合作平台。在 2008 年全球金融危机的高潮时期召开的 G20 峰会展示出全球领导者共同努力、重振全球经济的决心。

G20 峰会已成为发展中国家表达其关注、改革全球金融结构和全球治理的一个不可或缺的平台。例如，2009 年，正当全球金融危机时期，在美国匹兹堡举行的 G20 峰会提议增加发展中国家的发言权和代表性，并增强全球南北之间的经济合作。2010 年在韩国首尔，发展合作是议程的首要议题。2014 年在澳大利亚的布里斯班，基础设施发展被认为是全球经济复苏的关键。2015 年在土耳其的安塔利亚，领导者们承诺采取具体的行动来振兴全球经济，使全球增长更具有包容性，加强国际金融系统的韧性，动员投资来拉动长期增长，并履行在经济改革和劳动力市场方面的先前承诺。

2016 年 9 月，G20 峰会将在中国杭州召开。这为中国的学者、智库和政策制定者提供了很好的机会来发表他们对于全球增长和可持续发展的新观点，包括我们的基于新结构经济学的观点。中国政府已将本年的 G20 主题确定为："构建创新、活力、联动、包容的世界经济"。在长长的议程项目列表中，我们看到 G20 的发展工作组所做的工作是与本书的主题最为接近的。

发展一直以来都处在G20议程中的首要位置。G20高度支持《2030年可持续发展议程》，并且已经在基础设施投资、粮食安全、税收、金融普惠、人力资本发展等方面取得了很大成就。今年，除了包括创造就业和消除贫困在内的众多优先议题之外，"支持非洲和其他发展中国家的工业化"已经受到了特别关注。

我们欣喜地看到G20文件中指出："工业化是一国实现发展的必由之路。非洲大陆经济快速发展，拥有巨大发展潜力，过去15年年均增速5%，但工业化程度相对较低，制造业产值占GDP比重在8%以下。今年非盟出台《2063年议程》及第一个十年规划，将工业化作为核心目标之一。国际社会应该采取切实行动，共同支持非洲工业化进程，帮助非洲国家增加就业、消除贫困、加强能力建设，实现自主可持续发展，落实《2030年可持续发展议程》。"①

本书论述的观点与实施G20议程的这个项目非常相关。它们强调了结构转型的重要性，将新结构经济学与中国的南南发展合作方式相联系——用自身的比较优势去帮助非洲和其他发展中国家缓解基础设施瓶颈，并对其轻工制造业进行投资。此外，我们的工作——通过增长甄别与因势利导框架帮助非洲国家识别其潜在的比较优势——也为G20峰会的讨论奠定了基础。为了协调南南发展合作与官方发展援助对已有援助者的定义，我们提议将官方发展援助定义扩展为DF1、DF2、

① G-20-China-2016, p. 15. http://www.g20.org/zg2016/zg2016/201512/P020151210331513145-426.pdf

DF3 和 DF4,这样可以提高透明度,便利协调与问责,并影响公共舆论,使其投资于全球公共品,增加互联互通。我们提出的“建立一个监测和评估系统来对所有伙伴国、银行及公司进行排名”也可进一步讨论。

结束语

我们相信,如果所有新兴的和已建立的发展合作伙伴共同努力,大多数低收入国家将在后 2015 时代见证一个显著的结构转型。

为了保证有效性,援助或发展合作必须是由东道国自身利益和需求所驱动。如许多东亚国家的成功经验所示,将援助、贸易和投资相结合——一个基于市场的方式——能够保证平等伙伴国之间的激励一致性。

中国需要继续学习,通过倾听来自合作伙伴的声音和与政府、非政府组织及民间社会的互动,成为一个更好的发展合作伙伴。中国也需要更加开放和透明,在国际发展融资和活动中提供准确的数据。我们的观点是,任何暗中操作的交易都更可能被伙伴国的下届政府废除或者重新谈判。在与伙伴国当前的政府协商谈判时,也必须考虑到政治经济的动态。

通过诸边和多边金融机构,中国与其他金砖国家将相互学习并建立“命运共同体”。它们能够利用各自不同的比较优势,取长补短,促进结构转型。多边安排也可以为每个伙伴国的国内法律和制度改革提供压力，提高其透明度、治理及社会和环境标准。

已有的OECD援助者也需要考察中国的方式是否为提高传统的北南援助有效性提供了有用的经验。世界银行的一项近期研究考察了“资源融资的基础设施交易”，发现这种方式在推进发展影响方面能够更加有效，比传统的北南方式领先很多(World Bank，2014)。许多非洲领导人发现中国的RFI方式更可取，因为它可以在三四年间以较小的代价取得切实的成果，而这个时间跨度正好与一个民主国家的政治周期相吻合。

在后2015时代，发展融资将更少地来源于官方发展援助，而更多地来源于其他官方资金(OOF)、类OOF贷款、开发银行的类OOF投资、主权财富基金及新兴经济体。这就是为什么我们要提出扩展发展融资定义的原因，因为它将会引致更多来源于主权财富基金及其他公共和私人实体的贡献。近期OECD-DAC决定引入一个新的更广泛的统计口径，即“官方可持续发展支持总量”(TOSSD)。尽管具体细节还没有完全出台，但这毫无疑问是一个正确的方向。

我们乐观地认为，一定能够找到一个共同基础，使得来自全球南北方的合作伙伴能够共同为结构转型的多赢解决方案而努力，最终实现南方的可持续发展。如果所有国家都携手努力，投资于缓解瓶颈的基础设施并提供全球公共品，包括中国的“一带一路”倡议和十个针对非洲的提案，实现全球和平与发展的前景便指日可待。

参考文献

Acemoglu, D. , S. Johnson, and J. Robinson. 2005. "Institutions as a Fundamental Cause of Long-Run Growth." *Handbook of Economic Growth* 1 (A). North Holland: Elsevier.

Aghion, P. , M. Dewatripont, L. Du, A. E. Harrison, and P. Legros. 2011. "Industrial Policy and Competition." 18 June. Available at SSRN: http://ssrn.com/abstract=1811643 or http://dx.doi.org/10.2139/ssrn.1811643

Akamatsu, K. 1961. A Theory of Unbalanced Growth in the World Economy. *Weltwirtschaftliches Archiv* 86 (2): 196—215.

Akamatsu, K. 1962. "A Historical Pattern of Economic Growth in Developing Countries." *The Developing Economies* 1 (s1):3—25.

Akramov, K. T. 2012. *Foreign Aid Allocation, Governance, and Economic Growth*. Washington, DC: International Food Policy Research Institute.

Akyeampong, E. , and L. Xu. 2015. "The Three Phases/Faces of China in Independent Africa: Reconceptualizing China-Africa Engagement." In Monga and Lin, eds. , *The Oxford Handbook of Africa and Economics*. Oxford, UK: Oxford University Press.

Alfaro, L., and A. Charlton. 2014. "Growth and the Quality of Foreign Direct Investment." In Stiglitz and Lin, eds., *The Industrial Policy Revolution I*. London: Palgrave Macmillan.

Arndt, C., S. Jones, and F. Tarp. 2010. "Aid, Growth and Development: Have we come full circle?" UNU-WIDER Working Paper 2010/96, United Nations University, World Institute for Development Economics Research, Helsinki.

Aoki, M., K. Murdock, and M. Okuno-Fujiwara. 1997. "Beyond the East Asian Miracle: Introducing the Market-Enhancing View." In Masahiko Aoki, Hyung-Ki Kim, and Masahiro Okuno-Fujiwara, eds., *The Role of Government in East Asian Economic Development*. Oxford: Clarendon Press.

Arrow, K. J. 1962. "The Economic Implications of Learning by Doing." *Review of Economic Studies* 29 (3): 155—173.

Asian Development Bank and ADBI. 2009. *Infrastructure for a Seamless Asia*. Manila: Asian Development Bank.

Aiyar, S., and U. Ruthbah. 2008. "Where did all the aid go? An Empirical Analysis of Absorption and Spending." Working Paper WP/08/34, IMF, Washington, DC.

Bai, C.-E., C.-T. Hsieh, and Y. Qian. 2006. "The Return to Capital in China." Working Paper 12755, National Bureau of Economic Research, Cambridge, MA.

Baissac, C. 2011. "Planned Obsolescence? Export Processing Zones and Structural Reform in Mauritius." In Farole, T., and Akinci, G., eds., *Special Economic Zones: Progress, Emerging Challenges, and Future Directions*. Washington, DC: World Bank.

Balassa, B. 1965. "Trade Liberalisation and 'Revealed' Comparative Advantage." *The Manchester School* 33 (2): 99—123.

Baker & McKenzie. 2015. *Spanning Africa's infrastructure gap: How development capital is transforming Africa's project build-out*. The Economist Corporate Network, November 2015. http://ftp01.economist.com.hk/ECN_papers/Infrastructure-Africa

Barro, R. J. 1998. *Determinants of Economic Growth: A Cross Country Empirical*

Study. Cambridge, MA: MIT Press.

Berg, A., S. Aiyar, M. Hussain, S. Roache, T. Mirzoev, and A. Mahone. 2007. "The Macroeconomics of Scaling Up Aid: Lessons from Recent Experience." IMF Occasional Paper 253, IMF, Washington, DC.

Berg, A., J. Gottschalk, R. Portillo, and L.-F. Zanna. 2010. "The Macroeconomics of Medium-Term Aid Scaling-Up Scenarios." IMF Working Paper 10/160, IMF, Washington, DC.

Blanchard, O., and F. Giavazzi. 2004. "Improving the SGP through a proper Accounting of Public Investment." CEPR Discussion Paper 4220, Centre for Economic Policy Research, London.

Blanchard, O., G. Dell' Ariccia and P. Mauro. 2010. "Rethinking Macroeconomic Policy." *Journal of Money, Credit, and Banking* 42 (Suppl.): 199—215.

Boone, P. 1996. "Politics and the Effectiveness of Foreign Aid." *European Economic Review* 40(2): 289—329.

Bottelier, P. 2001. "Was World Bank Support for the Qinghai Anti-Poverty Project in China Ill Considered?" *Harvard Asia Quarterly* V (1).

——. 2006. "China and the World Bank: How a Partnership Was Built." Working Paper 277, Stanford Center for International Development.

Boussichas, M., and P. Guillaumont. 2014. "Measuring Official Development Assistance: Why and How to Change." Policy Brief B100, FERDI, Clermont-Ferrand, France.

Boyenge, J. P. S. 2007. "ILO Database on Export Processing Zones, Revised." Working Paper, ILO, Geneva. http://www.ilo.org/ public/libdoc/ilo/2007/107B09_80_engl.pdf

Brautigam, D. 2009. *The Dragon's Gift: The Real Story of China in Africa*. New York: Oxford University Press.

——. 2011a. "Aid with Chinese Characteristics: Chinese Foreign Aid and Development Finance meet the OECD-DAC Aid Regime." *Journal of International Development*, 2011.

——. 2011b. "China in Africa: What Can Western Donors Learn?" Oslo: Norfund.

——. 2015. *Will Africa Feed China?* New York and London: Oxford University Press.

Brautigam, D., and Zhang, H. 2013. "Green Dreams: Myth and Reality in China's Agricultural Investment in Africa." *Third World Quarterly* 34 (9): 1676—1696.

Brautigam, D., and Tang, X. 2013. "Going Global in Groups: Structural Transformation and China's Special Economic Zones Overseas." Forthcoming in *World Development*.

Brautigam, D., and Kevin Gallagher. 2014. "Bartering Globalization: China's Commodity-backed Finance in Africa and Latin America." *Global Policy* 5 (3): 346—352.

Burnside, C., and D. Dollar. 2000. "Aid, Policies, and Growth." *American Economic Review* 90 (4): 847—868.

Cai, F., D. Yang, and W. Meiyan. 2009. "Employment and Inequality Outcomes in China." Institute of Population and Labour Economics, Chinese Academy of Social Sciences; paper presented to OECD conference.

Calderón, C., and L. Servén. 2010. "Infrastructure and Economic Development in Sub-Saharan Africa." *Journal of African Economies* 19 (suppl. 1): i13—i87.

Calderón, C., and Servén, L. 2010. "Infrastructure in Latin America," Policy Research Working Paper Series 5317, World Bank, Washington, DC.

——. 2014. "Infrastructure and Growth." In Steven N. Durlauf and Lawrence E. Blume, eds., *The New Palgrave Dictionary of Economics*. London: Palgrave Macmillan.

Chang, H. 2003. *Kicking Away the Ladder: Development Strategy in Historical Perspective*. London: Anthem Press.

Chandra, V., J. Y. Lin, and Y. Wang. 2013. "Leading Dragon Phenomenon: New

Opportunities for Catch-up in Low-Income Countries." *Asian Development Review* 30 (1): 52—84.

Chen, C. 2013. *South-South Cooperation in Infrastructure in Sub-Saharan Africa*. Working Paper for ECOSOC, United Nations. Mimeo.

Collier, P., and A. Hoeffler. 2004. "Aid, Policy and Growth in Post-Conflict Societies." *European Economic Review* 48 (5): 1125—1145.

Committee for the Sixty-Year History of the Korean Economy. 2010. *The Korean Economy: Six Decades of Growth and Development: II Industry* (in Korean). http://www.slideshare.net/gdlnkdis/the-korean-economy-six-decades-of-growth-and-development

Copper, J. F. 2016. *China's Foreign Aid and Investment Diplomacy: Volume 1, Nature, Scope and Origins*. London: Palgrave MacMillan.

Canning, D., and E. Bennathan. 2000. "The Social Rate of Return on Infrastructure Investments." Working Paper 2390, World Bank, Washington, DC.

Custer, S., Z. Rice, T. Masaki, R. Latourell and B. Parks. 2015. *Listening to Leaders: Which Development Partners do they Prefer and Why*. Williamsburg, VA: AidData. http://aiddata.org/sites/default/files/publication_full_2.pdf

赤松要. 1935. 吾国羊毛工業品の貿易趨勢. 商業経済論叢 13(8):13—25.

Deaton, A. 2013. *The Great Escape: Health, Wealth, and the Origins of Inequality*. Princeton, NJ: Princeton University Press.

Depew, C. (ed.), *One Hundred Years of American Commerce 1795—1895*. New York: D. O. Haynes & Co.

Development Initiatives. 2013. *Investments to End Poverty: Real money, real choices, real lives*. Bristol: Development Initiatives.

Dinh, H., V. Palmade, V. Chandra, and F. Cossar. 2012. *Light Manufacturing in Africa: Targeted Policies to Enhance Private Investment and Create Jobs*. Washington, DC: World Bank.

Doemeland, D., C. Briceno-Garmendia, A. Farah and J. Herderschee. 2010. "Mining Concessions-for-Infrastructure: Chinese investment in the Democratic Republic of Congo (DRC)." Unpublished. Washington, DC: World Bank.

大野健一. 2000. 途上国のグローバリゼーション：自立的発展は可能か. 東京：東洋経済新報社.

Easterly, W. 2001. *The Elusive Quest for Growth: Economists' Adventures and Misadventures in the Tropics*. Cambridge, MA: MIT Press.

——. 2003. "Can Foreign Aid Buy Growth?" *Journal of Economic Perspectives* 17 (3): 23—48.

——. 2006. *The White Man's Burden: Why the West's Effort to Aid the Rest Have Done So Much Ill and So Little Good*. New York: Penguin Group.

Easterly, W., R. Levine, and D. Roodman. 2003. "New Data, New Doubts: A Comment on Burnside and Dollar's Aid, Policies and Growth (2000)." Working Paper 9846, National Bureau for Economic Research, Cambridge, MA.

Easterly, W., R. Levine, and D. Roodman. 2004. "Aid, Policies, and Growth: Comment." *American Economic Review* 94 (3): 774—780.

Economist Corporate Network. 2015. "China by far the largest investor in African Infrastructure." *Financial Times*, November 30, 2015.

Edwards, S. n. 2014a. "Economic Development and the Effectiveness of Foreign Aid: A Historical Perspective." NBER Working Paper 20685, National Bureau for Economic Research, Cambridge, MA.

——. 2014b. *Toxic Aid: Economic Collapse and Recovery in Tanzania*. Oxford, UK: Oxford University Press.

EIB. 2009. *EU-Africa Infrastructure Trust Fund: Annual Report 2009*. European Investment Bank. http://www.eib.org/infocentre/publications/all/eu-africa-infrastructure-trust-fund-annual-report-2009.htm

Estache, A. 2011. *Infrastructure Finance in Developing Countries: An Overview*.

Brussels: European Investment Bank.

Estache, A. 2003. "Argentina Privatization: A Cure or a Disease?" In C. von Hirschhausen, ed., *Proceedings of a Workshop on Applied Infrastructure Research*. Forthcoming.

Estache, A., V. Foster and Q. Wodon. 2002. *Accounting for Poverty in Infrastructure Reform -Learning from Latin America's Experience*. Washington, DC: World Bank.

Farole, T., and G. Akinci. 2011. *Special Economic Zones: Progress, Emerging Challenges, and Future Directions*. Washington, DC: World Bank.

Felipe, J. 2015. *Development and Modern Industrial Policy in Practice: Issues and Country Experiences*. Asian Development Bank and EE Elgar, UK.

Feng, S. 2010. "Mali Sugar Conglomerate CLETC Project Case in Mali." International Poverty Reduction Center in China and Organisation for Economic Co-Operation and Development. http://www.iprcc.org.cn/userfiles/file/Feng%20Sheyong-EN.pdf

Fofack, H. 2014. "The Idea of Economic Development: Views from Africa." UNU-WIDER Working Paper 2014/093, United Nations University, World Institute for Development Economics Research, Helsinki.

Foster, V., W. Butterfield, C. Chen, and N. Pushak. 2009. Building Bridges: China's Growing Role as Infrastructure Financier for Sub-Saharan Africa. Washington, DC: World Bank. https://openknowledge.worldbank.org/bitstream/handle/10986/2614/480910PUB0Buil101OFFICIAL0USE0ONLY1.pdf? sequence=1

Foster, V., and C. Briceno-Garmendia. 2010. *Africa's Infrastructure: A Time for Transformation*. Washington, DC: World Bank.

Foster, M., and T. Killick. 2006. "What Would Doubling Aid Do for Macroeconomic Management in Africa: A Synthesis Paper." ODI Working Paper 264, Overseas Development Institute, London.

Freeman, C. 2012. "From 'Blood Transfusion' to 'Harmonious Development':

The Political Economy of Fiscal Allocations to China's Ethnic Regions." *Journal of Current Chinese Affairs* 41：22—23.

Furukawa，M. 2014. "Management of the International Development Aid System and the Creation of Political Space for China：The Case of Tanzania." Research Paper 82，Japan International Cooperation Agency，Tokyo. https://jica-ri. jica. go. jp/publication/assets/JICA-RI_WP_No. 82. pdf

Gallagher，K.，and M. Myers. 2014. "China-Latin America Finance Database." Washington，DC：Inter-American Dialogue. www. thedialogue. org/map_list

Galiani，S.，S. Knack，L. C. Xu，and B. Zou. 2015. "The Effect of Aid on Growth：Evidence from a Quasi-Experiment." (March 23，2015). Available at SSRN：http://ssrn. com/abstract=2400752 or http://dx. doi. org/10. 2139/ssrn. 2400752

Gerschenkron，A. 1962. *Economic Backwardness in Historical Perspective*. Cambridge，MA：Belknap Press of Harvard University Press.

Gill，I.，and H. Kharas. 2007. *An East Asian Renaissance：Ideas for Economic Growth*. Washington，DC：World Bank.

Gransow，B.，and Z. Hong. 2009. "China and International Donors：Analysis of Development Management in China." Background paper prepared for the China-DAC Study Group on October 28—29 2009 (Section II).

Greenwald，B. C.，and J. E. Stiglitz. 2014a. "Industrial Policies，the Creation of a Learning Society，and Economic Development." In Joseph E. Stiglitz，Justin Yifu Lin，and Ebrahim Patel，eds.，*The Industrial Policy Revolution I：The Role of Government Beyond Ideology*. Palgrave Macmillan，New York.

Greenwald，B. C.，and J. E. Stiglitz. 1986. "Externalities in Economics with Imperfect Information and Incomplete Markets." *Quarterly Journal of Economics* 1 (2)：229—264.

Guo，X. 2009. "Development Experiences of China's Transport Infrastructure." Working paper commissioned by World Bank Institute for China-Africa Experience Sharing Program，co-organized by the Government of China and the World Bank.

国家发展和改革委员会利用外资和境外投资司. 2009. 1979～2005 中国借用国外贷款. 北京:中国计划出版社.

国家统计局. 2015. 中国统计年鉴. 北京:中国统计出版社.

国务院新闻办公室. 2011. 中国的对外援助. 北京:人民出版社.

国务院新闻办公室. 2014. 中国的对外援助(2014). 北京:人民出版社.

Harrison，A.，and Rodríguez-Clare，A. 2010. "Trade，Foreign Investment，and Industrial Policy for Developing Countries." In D. Rodrik，ed.，*Handbook of Economic Growth* 5：4039—4213.

Hausmann，R. 2013. "The Tacit Knowledge Economy." Project Syndicate，October 30，2013. http://www.project-syndicate.org/commentary/ricardo-hausmann-on-the-mental-sources-of-productivity-growth

Hausmann，R.，D. Rodrik，and A. Velasco. 2005. "Growth Diagnostics." Manuscript，Inter-American Development Bank.

Hausmann，R.，J. Hwang and D. Rodrik. 2007. "What You Export Matters." *Journal of Economic Growth* 12 (1)：1—25.

Hausmann，R.，and B. Klinger. 2006. "Structural Transformation and Patterns of Comparative Advantage in the Product Space." Working Paper 128，Center for International Development at Harvard University，Cambridge，MA.

Hidalgo，C.，B. Klinger，A. L. Barabasi and R. Hausmann. 2007. "The Product Space Conditions the Development of Nations." *Science* 317 (5837)：482—487.

H. M. Treasury. 2002：*Reforming Britain's Economic and Financial Policy*. London.

H. M. Treasury. 2004. *Long-term Public Finance Report*：*An Analysis of Fiscal Sustainability*. London.

Huang，Y.，and J. Tingsong. 2010. "What Does the Lewis Turning Point Mean for China：A Computable General Equilibrium Analysis." CCER Working Paper E2010005.

Beijing: Peking University.

Hynes, W., and S. Scott. 2013. "The Evolution of Official Development Assistance: Achievements, Criticism and a Way Forward." OECD Development Co-operation Working Paper 12, OECD Publishing, Paris, France.

IEO (Independent Evaluation Office) of the IMF. 2007. *The IMF and Aid to Sub-Saharan Africa*. Washington, DC: IMF.

——. 2015. *The IMF's Approach to Capital Account Liberalization: Revisiting the 2005 IEO Evaluation*. Washington, DC: IMF.

IHA (International Hydropower Association). 2013. "Country Profile: China." In *IHA Hydropower Report*. Beijing: IHA China Office.

IMF (International Monetary Fund). 2013. *Regional Economic Outlook: Sub-Saharan Africa—Keeping the Pace*. Washington, DC: IMF.

——. 2014. "The IMF Concludes the Article IV Consultation with Ecuador." Washington, DC: IMF. https://www.imf.org/external/np/sec/pr/2014/pr14393.htm

——. 2014. *World Economic Outlook*. Washington, DC: IMF.

——. 2015. *World Economic Outlook*. Washington, DC: IMF.

IMF and World Bank. 2012. "Revisiting the Debt Sustainability Framework for Low-Income Countries." Prepared by the IMF and World Bank Staff, IMF and World Bank, Washington, DC.

Ito, T. 1992. *The Japanese Economy*. Cambridge, MA: MIT Press.

Ju, J., J. Y. Lin, and Y. Wang. 2011. "Endowment Structures, Industrial Dynamics, and Economic Growth." Policy Research Working Paper Series 5055, World Bank, Washington, DC.

金中夏. 2012. 中国的"马歇尔计划"——探讨中国对外基础设施投资战略. 国际经济评论 6:57—64.

Kapoor, S. 2013. "Investing for the Future: Good for Norway—Good for Development. Re-Define and National Church Aid (NCA)." Discussion Paper 01/2013. http://re-define.

org/sites/default/files/sites/default/files/images/ReDefineReportonNorwaySWF. pdf

Khor,M. 2015. "China's New South-south Funds: AGlobal Game Changer?" Inter Press Service (IPS), November 16. http://www. ipsnews. net/2015/11/opinion-chinas-new-south-south-funds-a-global-game-changer/

King, K. 2013. *China's Aid and Soft Power in Africa: The Case of Education and Training*. James Currey, Rochester, NY.

Kissinger, H. 2011. *On China*. New York: Penguin Books.

Kitano, N. 2004. "Japanese Contribution in Supporting China's Reforms: A Study Based on ODA Loans." *China Report* 40 (4): 461—488.

Kitano, N., and Y. Harada. 2014. "Estimating China's Foreign Aid 2001—2013: Comparative Study on Development Cooperation Strategies: Focusing on G-20 Emerging Economies." JICA Research Institute Working Paper 78, Japan International Cooperation Agency, Tokyo.

Koopman, R., Z. Wang, and S.-J. Wei. 2008. "How Much of Chinese Export Is Really Made in China: Assessing Domestic Value-Added when Processing is Trade Pervasive." NBER Working Paper 14109, National Bureau of Economic Research, Cambridge, MA.

KPMG. 2014. *Infrastructure in China: Sustaining quality growth*. Hong Kong: KPMG International.

Krueger, A. O. 1997. "Korean Industry and Trade over Fifty Years." In Dong Se Cha, Kwang Suk Kim, and Dwight H. Perkins, eds., *The Korean Economy 1945—1995: Performance and Vision for the 21st Century*. Seoul: Korea Development Institute.

Krugman, P. 1991. "Increasing Returns and Economic Geography." *Journal of Political Economy* 99 (3): 483—498.

Krugman, P., and A. J. Vernables. 1995. "The Seamless World: A Spatial Model of International Specialization." NBER Working Paper 5220, National Bureau for Economic Research, Cambridge, MA.

Kumar, N. 2008. "South-South and Triangular Cooperation in Asia-Pacific: Towards a New Paradigm in Development Cooperation." Paper presented as a keynote address at the Asia-Pacific Development Cooperation Forum: Regional Workshop on Trends and Progress in Triangular and South-South Cooperation, Bangkok, 21—22 October 2008. www. un. org/en/ecosoc/newfunct/pdf/background study final. pdf

Kuznets, S. 1930. *Secular Movements in Production and Prices*. New York: Houghton Mifilin Company.

Kuznets, S. 1966. *Modern Economic Growth: Rate, Structure and Spread*. New Haven, CT: Yale University Press.

Li, R. 2007. "A Proper Understanding of Debt Sustainability of Developing Countries." *World Economics and Politics* 4: 72.

Lieberthal, K. 2003. *Governing China: From Revolution Through Reform*. London: W. W. Norton & Company UK.

Lim, W. 2011. "Joint Discovery and Upgrading of Comparative Advantage: Lessons from Korea's Development Experience." In Shahrokh Fardoust, Yongbeom Kim, Claudia Sepúlveda, eds., *Postcrisis Growth and Development: A Development Agenda for the G-20*. Washington, DC: World Bank.

Lin, J. Y. 1992. "Rural Reforms and Agricultural Growth in China." *American Economic Review* 82 (1): 34—51.

——. 1995. "The Needham Puzzle: Why the Industrial Revolution Did Not Originate in China." *Economic Development and Cultural Change* 43 (2): 269—292.

——. 2009a. *Economic Development and Transition: Thought, Strategy, and Viability*. Cambridge, UK: Cambridge University Press.

——. 2009b. "Beyond Keynesianism: The Necessity of a Globally Coordinated Solution." *Harvard International Review* 31 (2): 14—17.

——. 2010. "New Structural Economics: A Framework for Rethinking Development." Policy Research Working Paper 5197, World Bank, Washington, DC.

——. 2011a. “New Structural Economics: A Framework for Rethinking Development.” *World Bank Research Observer* 26 (2): 193—221.

——. 2011b. “Global Crisis Requires Global Solutions.” Speech prepared for the Council on Foreign Relations, New York (February 28).

——. 2011c. “A Pro-Growth Response to the Crisis,” *Intereconomics: Review of European Economic Policy* 46 (6): 321—326.

——. 2011d. “Growth Identification and Facilitation: The Role of the State in the Dynamics of Structural Change.” *Development Policy Review* 29 (3): 264—290.

——. 2012a. *Demystifying the Chinese Economy*. Cambridge, UK: Cambridge University Press.（中文版：林毅夫. 2014. 解读中国经济(增订版). 北京：北京大学出版社）

——. 2012b. *The Quest for Prosperity: How Developing Economies Can Take Off*. Princeton, NJ: Princeton University Press.（中文版：林毅夫. 2012. 繁荣的求索. 北京：北京大学出版社）

——. 2012c. *New Structural Economics: A Framework for Rethinking Development and Policy*. Washington, DC: World Bank.（中文版：林毅夫. 2014. 新结构经济学：反思经济发展与政策的理论框架(增订版). 北京：北京大学出版社）

——. 2012d. “From Flying Geese to Leading Dragons: New Opportunities and Strategies for Structural Transformation in Developing Countries.” *Global Policy* 3 (4): 397—409.

——. 2012e. “Building Infrastructure for a Brighter Future: How Infrastructure Investment Initiative Can Generate Growth and Create Jobs in the Developed World.” Article for *Foreign Policy*.

——. 2013. *Against the Consensus: Reflections on the Great Recession*. Cambridge, UK: Cambridge University Press.

——. 2015a. “The Washington Consensus Revisited: A New Structural Economics Perspective.” *Journal of Economic Policy Reform* 18 (2): 96—113, DOI: 10. 1080/

17487870.2014.936439.

——. 2015b. "Why I Do Not Support Complete Capital Account Liberalization." *China Economic Journal* 8 (1): 86—93, DOI: 10.1080/17538963.2015.1002178.

——. 2015c. "China's Rise and Structural Transformation in Africa: Ideas and Opportunities." In Celestin Monga and Justin Yifu Lin, eds., *The Oxford Handbook of Africa and Economics*. Oxford, UK: Oxford University Press.

——. 2016. "Later Comer Advantages and Disadvantages: A New Structrual Economics Perspective." In M. Andersson and T. Axelsson, eds., *Can Poor Countries Catchup*. Oxford, UK: Oxford University Press.

Lin, J. Y., F. Cai, and Z. Li. 1996. *The China Miracle: Development Strategy and Economic Reform*. Hong Kong: Chinese University Press.(中文版:林毅夫,蔡昉,李周. 2014. 中国的奇迹:发展战略与经济改革(增订版). 上海:格致出版社)

Lin, J. Y., and G. Tan. 1999. "Policy Burdens, Accountability, and Soft Budget Constraints." *American Economic Review* 89 (2): 426—431.

Lin, J. Y., and H.-J. Chang. 2009. "DPR Debate: Should Industrial Policy in Developing Countries Conform to Comparative Advantage or Defy It? A Debate Between Justin Lin and Ha-Joon Chang." *Development Policy Review* 27 (5): 483—502.

Lin, J. Y., and D. Doemerland. 2012. "Beyond Keynesianism: Global Infrastructure Investments in Times of Crisis." *Journal of International Commerce, Economics and Policy* 3 (3):1—29.

Lin, J. Y., and C. Monga. 2011. "Growth Identification and Facilitation: The Role of the State in the Dynamics of Structural Change." *Development Policy Review* 29 (3): 264—290.

Lin, J. Y., and C. Monga. 2012. "The Growth Report and New Structural Economics." In *New Structural Economics: A Framework for Rethinking Development and Policy*. Washington, DC: World Bank.

Lin, J. Y., and D. Rosenblat. 2012. "Shifting Patterns of Economic Growth and

Rethinking Development." *Journal of Economic Policy Reform* 15 (3): 171—194.

Lin, J. Y., and Y. Wang. 2008. "China's Integration with the World: Development as a Process of Learning and Industrial Upgrading." World Bank Policy Working Paper 4799, World Bank, Washington, DC.

Lin, J. Y., and Y. Wang. 2013. "Beyond the Marshall Plan: A Global Structural Transformation Fund." paper for the United Nations Post-2015 High Level Panel on development agenda. May 22, 2013. http://www.post2015hlp.org/wp-content/uploads/2013/05/Lin-Wang_Beyond-the-Marshall-Plan-A-Global-Structural-Transformation-Fund.pdf

——. 2014. "China-Africa Cooperation in Structural Transformation: Ideas, Opportunities and Finances." Working Paper 2014/046, United Nations University World Institute for Development Economics Research, Helsinki. http://www.wider.unu.edu/publications/working-papers/2014/en_GB/wp2014-046/

——. 2015. "China and Africa Cooperation in Structural Transformation." In Justin Lin and Celestin Monga, eds., *The Oxford Handbook of Africa and Economics*. Oxford, UK: Oxford University Press.

Lipsey, R. E., E. Ramstetter, and M. Blomstrom. 2000. "Outward FDI and Apparent Exports and Employment: Japan, the US, and Sweden." NBER Working Paper 7623, National Bureau of Economic Research, Cambridge, MA.

李小云,徐秀丽,王伊欢. 2013. 国际发展援助——非发达国家的对外援助. 北京:世界知识出版社.

Maddison, A. 2001. *The World Economy: A Millennial Perspective*. Paris: OECD Development Centre.

Maddison, A. 2010. Historical Statistics of the World Economy: 1—2008 AD. http://www.ggdc.net/maddison/historical_Statistics/vertical-file_02-2010.xls

——. 2007. *Chinese Economic Performance in the Long Run—Second Edition, Revised and Updated: 960—2030 AD*. Paris: OECD Development Centre.

Manji, F., and S. Naidu. 2009. "The African Perspective on the Kinds of Development Partnerships China is forming in Africa." Paper presented at the China-DAC Study Group "Development Partnership for Growth and Poverty Reduction," October 28—29, 2009.

Martens, B., U. Mummert, P. Murrell, and P. Seabright. 2002. *The Institutional Economics of Foreign Aid*. Cambridge, UK and New York: Cambridge University Press.

Mazzucato, M. 2011. *The Entrepreneurial State: Debunking Public Vs. Private Sector Myths*. London: Demos.

McMillian, M., and D. Rodrik. 2011. *Globalization, Structural Change and Productivity Growth*. Cambridge, MA: Kennedy School of Government, Harvard University.

MOF (Ministry of Finance) and World Bank. 2010. *Sharing Knowledge on Development, Promoting Harmony and Progress: 30th Anniversary of the China and World Bank Cooperation*. Beijing: Ministry of Finance.

MOFCOM (Ministry of Commerce of the People's Republic of China). 2009. *A 30-Year History On Development Assistance Cooperation in China*. Beijing: Ministry of Commerce.

——. 2013. "*China Africa Economic and Trade Cooperation 2013*." Ministry of Commerce of the People's Republic of China, Beijing. http://english.mofcom.gov.cn/article/newsrelease/press/201309/20130900285772.shtml

Monga, C., and J. Y. Lin. 2015. "Africa's Evolving Economic Frameworks." In Monga and Lin, eds., *The Oxford Handbook of Africa and Economics*. Oxford, UK: Oxford University Press.

Morrisey, O., and H. White. 1996. "Evaluating the Concessionality of Tied Aid." *The Manchester School* 64 (2): 208—226.

Moyo, D. 2009. *Dead Aid: Why Aid is Not Working and How There is a Better Way for Africa*. London: Penguin Books.

Mwase, N., and Y. Yang. 2012. "BRICs Philosophies for Development Financing and Their Implications for LICs." Working Paper WP/12/74, IMF, Washington DC.

Naím, M. 2009. "Rogue Aid." *Foreign Policy*. http://foreignpolicy.com/2009/10/15/rogue-aid/

Nielson, D. L., R. M. Powers, and M. J. Tierney. 2009. "Broad Trends in Foreign Aid: Insights from PLAID 1.6." Working Paper, AidData, Williamsburg, VA. http://s3.amazonaws.com/zanran_storage/irtheoryandpractice.wm.edu/ContentPages/2473385687.pdf

North, D. 1990. *Institutions, Institutional Change and Economic Performance*. Cambridge, UK and New York: Cambridge University Press.

OECD (Organisation for Economic Co-operation and Development). 2014a. "High Level Meeting Communiqué, 16 December 2014." http://www.oecd.org/dac/OECD%20DAC%20HLM%20Communique.pdf

——. 2014b. *Modernizing the DAC's Development Finance Statistics*. DOD/DAC (2014) 9, Developing Cooperation Directorate submitted for DAC Senior Level Meeting on 3—4 March 2014 at the OECD Conference Center in Paris, February 17, 2014.

——. 2014c. *The Development Cooperation Report 2014: Mobilizing Resources for Sustainable Development*. Paris: OECD Publishing.

Ollivier, G., J. Sondhi, and N. Zhou. 2014. "High-Speed Railways in China: A Look at Construction Costs." China Transport Topics 9, World Bank, Washington, DC.

Onjala, J. 2008. "A Scoping Study on China-Africa Economic Relations: The Case of Kenya." http://dspace.africaportal.org/jspui/bitstream/123456789/32023/1/Kenya.pdf? 1

Ostry, J. D., A. R. Ghosh, K. Habermeier, M. Chamon, M. S. Qureshi, and D. B. S. Reinhardt. 2010. "Capital Inflows: The Role of Controls." IMF Staff Position Note SPN10/04, IMF, Washington, DC.

Ozawa, T. 2004. *Institutions, Industrial Upgrading, and Economic Performance in Japan: The "Flying-Geese" Paradigm of Catch-up Growth*. Cheltenham, UK: Edward Elgar.

Peterson, G. E. 2008. "Unlocking Land Values to Finance Urban Infrastructure: Land-based Financing Options for Cities." Trends and Policy Options Series, Public-Private Infrastructure Advisory Facility, Washington, DC.

Prebisch, R. 1950. *The Economic Development of Latin America and Its Principal Problems*. New York: United Nations. Reprinted in *Economic Bulletin for Latin America* 7 (1): 1—22.

Quartey, P., and G. Afful-Mensah. 2015. "Aid to Africa: Emerging Trends and Issues." In Monga, C., and J. Lin, eds., *The Oxford Handbook of Africa and Economics*. Oxford, UK: Oxford University Press.

Rajan, R. G., and A. Subramanian. 2008. "Aid and Growth: What Does the Cross-Country Evidence Really Show?" *The Review of Economics and Statistics* 90 (4): 643—665.

Ravallion, M., and S. Chen. 2007. "China's (Uneven) Progress Against Poverty." *Journal of Development Economics* 82 (1): 1—42.

Ray, R., and A. Chimienti. 2015. "A Line in the Equatorial Forests: Chinese Investment and the Environmental and Social Impacts of Extractive Industries in Ecuador." Working Group on Development and Environment in the Americas Discussion Paper 2015-06.

Rodrik, D. 2008. *One Economics, Many Recipes: Globalization, Institutions and Economic Growth*. Princeton, NJ: Princeton University Press.

Rodrik, D, and M. McMillan. 2010. "Globalization, Structural Change and Productivity Growth." Working Paper 17143, National Bureau of Economic Research, Cambridge, MA.

Roodman, D. 2007. "The Anarchy of Numbers: Aid, Development, and Cross-Country Empirics." *World Bank Economic Review* 21 (2): 255—277.

Rostow, W. W. 1960. *The Stage of Economic Growth: A Non-communist Manifesto*. Cambridge, UK: Cambridge University Press.

Sachs, J. 2009. "Aid Ironies." *Huffington Post*, May 24. http://www.huffingtonpost.com/jeffrey-sachs/aid-ironies_b_207181.html

Samuelson, P. 1954. "The Pure Theory of Public Expenditure." *The Review of Economics and Statistics*. 36 (4): 387—389.

Schultze, C. 1983. "Industrial Policy: A Dissent." *Brookings Review* Fall: 3—12.

Servén, L. 2007. "Fiscal Rules, Public Investment, and Growth." Policy Research Working Paper 4382, World Bank, Washington DC.

Shen, X. 2015. "Private Chinese Investment in Africa: Myths and Realities." *Development Policy Review* 33 (1): 83—106.

Sheng, A. 2013. "Outlook for Global Development Finance: Excess or Shortage?" Paper prepared for the United Nations Post 2015 HLP on Development Agenda. http://www.post2015hlp.org/wp-content/uploads/2013/06/Sheng_Outlook-for-Global-Development-Finance-Excess-or-Shortage.pdf

Solow, R. M. 1957. "Technical Change and the Aggregate Production Function." *The Review of Economics and Statistics* 39 (3): 312—320.

Stiglitz, J. E. 1989. "Imperfect information in the product market." In Schmalensee, R. and Willig, R., eds., *Handbook of Industrial Organization* 1. Elsevier.

——. 1996. "Some Lessons from the East Asian Miracle." *World Bank Research Observer* 11 (2): 151—177.

Stiglitz, J. E. 2002. *Globalization and Its Discontents*. New York: W. W. Norton.

Stiglitz, J. E., and J. Y. Lin. 2013. *The Industrial Policy Revolution I: The Role of Government Beyond Ideology*. New York: Palgrave Macmillan.

Stiglitz, J. E., and B. C. Greenwald. 2014. *Creating a Learning Society: A New Approach to Growth, Development, and Social Progress*. New York: Columbia University Press.

Strange, A., B. Parks, M. J. Tierney, A. Fuchs, A. Dreher, and V. Ramachandran. 2013. "China's Development Finance to Africa: A Media-Based Approach to Data Collection." Working Paper 323, Center for Global Development, Washington, DC.

Suh, J. 2007. "Overview of Korea's Development Process until 1997." In Joonghae Suh, and Derek H. Chen, eds., *Korea as a Knowledge Economy*. Washington, DC: World Bank.

Summers, L. 2014a. "U. S. Economic Prospects: Secular Stagnation, Hysteresis, and the Zero Lower Bound." *Business Economics* 49 (2): 65—73.

Summers, L. 2014b. "Invest in infrastructure that pays for itself." *The Washington Post*, October 7. https://www.washingtonpost.com/opinions/lawrence-summers-invest-in-infrastructure-that-pays-for-itself/2014/10/07/6149d3d6-4ca0-11e4-babe-e91da079cb8a_story.html

Sun, H. L. 2011. "Understanding China's Agricultural Investments in Africa." SAIIA Occasional Paper 102.

Sun, Y.-S. 1929. *The International Development of China*. New York: G. P. Putnam's Sons.

Svensson, J. 2003. "Why Conditional Aid Does Not Work and What Can Be Done about It?" *Journal of Development Economics* 70: 381—402.

唐晓阳. 2014. 亚洲投资对非洲纺织工业的影响. 卡内基-清华全球政策中心论文, 08/28.

UN Comtrade Statistics. 2015. Available online at http://comtrade.un.org/

UNCTAD Statistics. *FDI Statistics Division on Investment and Enterprise*. http://unctad.org/en/Pages/DIAE/FDI Statistics/FDI-Statistics.aspx

UNIDO (United Nations Industrial Development Organization). 2013. *Industrial Development Report 2013: Sustaining employment growth: the role of manufacturing and structural change*. Vienna: UNIDO.

UNIDO (United Nations Industrial Development Organization) and Peking University. 2015. "Technical Note on the Analytical Framework of GIFUID." UNIDO, Vienna. https://isid.unido.org/files/Senegal/final-technical-note-on-the-analytical-framework-of-gifiud.pdf

Van der Hoeven, R. 2012. "Development Aid and Employment." Working Paper 2012/17, United Nations University, World Institute for Development Economics Research, Helsinki.

Wang, Y. 2005. "Development as a Process of Learning and Innovation: Lessons from China." In Blanca Moreno-Dodson, ed., *Reducing Poverty on a Global Scale*. Washington, DC: World Bank.

Wang, Y. 2010. "Development Partnership for Growth and Poverty Reduction: A Synthesis." IPRCC Working Paper 7, International Poverty Reduction Center in China, Beijing.

——. 2011a. "Development Partnership." Chapter 1 In *Economic Transformation and Poverty Reduction: How It Happened in China, Helping It Happen in Africa*. China-OECD/DAC Study Group. http://www.oecd.org/dac/povertyreduction/49528657.pdf

——. 2011b. "Infrastructure: The Foundation for Growth and Poverty Reduction: A Synthesis." Chapter 3 In *Economic Transformation and Poverty Reduction: How it happened in China, Helping It Happen in Africa*. China-OECD/DAC Study Group.

Weisbrod, A., and J. Whalley. 2011. "The Contribution of Chinese FDI to Africa's Pre-Crisis Growth Surge." Working Paper 17544, National Bureau for Economic Research, Cambridge, MA.

Williamson, J. 1990. "What Washington Means by Policy Reform." In J. Williamson, ed., *Latin American Adjustment: How much has happened?* Washington, DC: Institute of International Economics.

Williamson, J. 2002. "Did the Washington Consensus Fail?" Speech at the Center for Strategic and International Studies, Washington, DC, November 6.

Woods, N. 2008. "Whose Aid? Whose Influence? China, Emerging Donors and the

Silent Revolution in Development Assistance." *International Affairs* 84 (6): 1205—1221.

Wolf Jr., C., X. Wang, and E. Warner. 2013. *China's Foreign Aid and Government-Sponsored Investment Activities: Scale, Content, Destinations, and Implications*. Santa Monica, CA: RAND National Defense Research Institute.

World Bank. 1987. *Korea Managing the Industrial Transition*. Washington, DC: World Bank.

——. 2008. *The Growth Report: Strategies for Sustained Growth and Inclusive Development*. Washington, DC: World Bank.

——. 2011a. *Chinese investments in Special Economic Zones in Africa: Progress, Challenges and Lessons Learned*. Washington, DC: World Bank.

——. 2011b. "Supporting Infrastructure Development in Low-Income Countries." Submission to the G20 by the MDB Working Group on Infrastructure, Interim Report, World Bank, Washington, DC.

——. 2011c. *The Changing Wealth of Nations: Measuring Sustainable Development in the New Millennium. Environment and Development*. World Bank Publications, Washington DC. https://openknowledge.worldbank.org/handle/10986/2252

——. 2012. *Chinese FDI in Ethiopia*. Washington, DC: World Bank.

——. 2013a. "Financing for Development Post 2015." Staff report for the Post-2015 agenda, October 2013.

——. 2013b. *Global Development Horizons: Capital for the Future—Saving and Investment in an Interdependent World*. Washington, DC: World Bank.

——. 2014. *Resource Financed Infrastructure: A Discussion on a New Form of Infrastructure Financing*. Led by Havard Halland, John Beardsworth, Bryan Land, and James Schmidt. World Bank, Washington, DC.

——. 2015. *Global Financial Development Report 2015—2016: Long-term Financing*. Washington, DC: World Bank.

王守清,柯永建. 2008. 特许经营项目融资(BOT, PFI 和 PPP). 北京：清华大学出版社.

Xu, J., and R. Carey. 2014. "China's Development Finance: What Issues for Reporting and Monitoring Systems?" *IDS Bulletin* 45 (4): 102—113.

——. 2015a. "Towards a Global Reporting System for Development Cooperation on the SDGs: Promoting Transformational Potential and Impact." IDS Working Paper 462, Institute for Development Studies, Brighton, UK.

——. 2015b. "China's Development Finance: Ambition, Impact and Transparency." IDS Policy Brief 353, Institute for Development Studies, Brighton, UK.

Yeo, H. K., and G. Akinci. 2011. "Low Carbon, Green Special Economic Zones." In *Special Economic Zones: Progress, Emerging Challenges, and Future Directions*. Washington, DC: World Bank.

Zeng, D. Z. 2010. *Building Engines for Growth and Competitiveness in China*. Washington, DC: World Bank.

——. 2015. "Global Experiences with Special Economic Zones: Focus on China and Africa." Policy Research Working Paper 7240, World Bank, Washington, DC.

Zhou, H., J. Zhang, and M. Zhang. 2015. *Foreign Aid in China*. Springer, Heidelberg, and Social Science Academy, Beijing.

索　引